Cesar Millan
GUIA RÁPIDO
PARA UM CÃO FELIZ

Cesar Millan
GUIA RÁPIDO PARA UM CÃO FELIZ

98 dicas e técnicas essenciais

Tradução
Sandra Martha Dolinsky

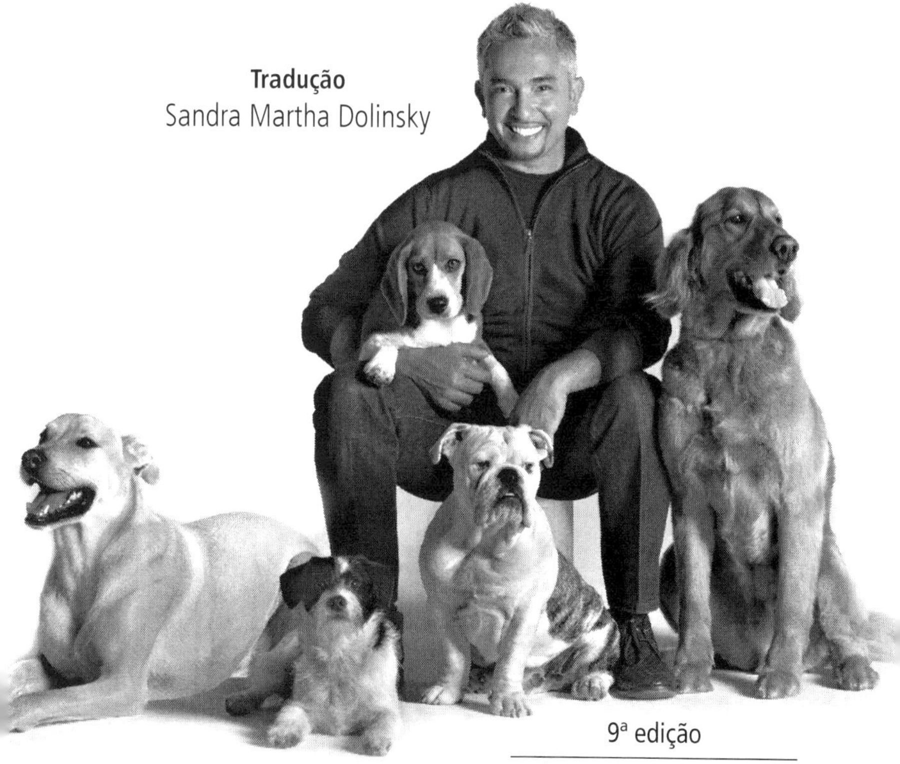

9ª edição
Rio de Janeiro-RJ / São Paulo-SP, 2024

Marca da National Geographic Society

VERUS EDITORA

Editora: Raïssa Castro
Coordenadora editorial: Ana Paula Gomes
Copidesque: Anna Carolina G. de Souza
Revisão: Tássia Carvalho
Projeto gráfico capa e miolo: Adaptação da original (Melissa Farris)
Fotos da capa: Gilles Bensimon/Trunk Archive (frente)
Michael Reuter (quarta capa)

Título original: *Short Guide to a Happy Dog*

ISBN: 978-85-7686-277-2

Originalmente publicado por National Geographic Society
1145 17th Street N.W., Washington, D.C. 20036

Marca da National Geographic Society

Copyright © Cesar's Way, Inc., 2013
Todos os direitos reservados.
Proibida a reprodução, no todo ou em parte, sem permissão escrita da editora.

Tradução © Cesar's Way, Inc., 2013
Direitos reservados em língua portuguesa, no Brasil, por Verus Editora. Nenhuma parte desta obra pode ser reproduzida ou transmitida por qualquer forma e/ou quaisquer meios (eletrônico ou mecânico, incluindo fotocópia e gravação) ou arquivada em qualquer sistema ou banco de dados sem permissão escrita da editora.

Verus Editora Ltda.
Rua Argentina, 171, São Cristóvão, Rio de Janeiro/RJ, 20921-380
www.veruseditora.com.br

CIP-BRASIL. CATALOGAÇÃO NA FONTE
SINDICATO NACIONAL DOS EDITORES DE LIVROS, RJ

M59g

Millan, Cesar, 1969-
  Guia rápido para um cão feliz : 98 dicas e técnicas essenciais / Cesar Millan; tradução Sandra Martha Dolinsky. - 9. ed. - Rio de Janeiro, RJ : Verus, 2024.
  21 cm.

  Tradução de: Short Guide to a Happy Dog
  ISBN 978-85-7686-277-2

  1. Cão - Comportamento. 2. Cão - Adestramento. 3. Comunicação homem--animal. I. Título.

13-03219
CDD: 636.70887
CDU: 636.76

Revisado conforme o novo acordo ortográfico

A todos os meus fãs ao redor do mundo. Sem seu apoio, eu não poderia dar dicas a ninguém. Então, obrigado a todos eles pela mente aberta e, é claro, a seus cães, por estarem comigo durante as nove temporadas de
O Encantador de Cães.

A Jahira Dar e Calvin Millan, pelo apoio e por viajarem comigo pelo mundo para que possamos continuar ajudando as pessoas. Sem vocês, minha matilha não estaria completa.

Obrigado.

AGRADECIMENTOS

Quero agradecer a Deus por me dar um dom tão incrível com cães. À minha equipe, incluindo o pessoal da Cesar Millan Inc., do Centro de Psicologia Canina, do Cesar's Way; ao National Geographic Channel; a Lisa Thomas e a Hilary Black, da National Geographic Books; e a Tara King e à Fundação Millan, pela constante dedicação à missão de resgate, reabilitação e adoção de cães. Agradecimentos especiais a Jon Bastian e a Bob Aniello, por me ajudarem a produzir este livro, e a Amy Briggs, que abriu mão de fins de semana e noites para editar estas palavras.

Embora os últimos nove anos tenham sido incríveis, estou ansioso pelo futuro, e quero agradecer aos membros mais recentes do meu time, incluindo a equipe de produção do programa de TV *O melhor amigo do cão*; Steve LeGrice, da revista *Cesar's Way*; e Cheri Lucas, Evo Fisher e Eric Rovner, da William Morris Endeavor. Também quero agradecer a Pomi por ceder sua fazenda para que possamos gravar um programa maravilhoso.

— Cesar Millan

Gostaria de agradecer a Stacy e Ted Milner por me trazerem ao mundo de Cesar; à minha equipe da CMI, do Cesar's Way e de *O Encantador de Cães*, do passado e do presente; a Che'Rae Adams e ao L. A. Writers Center, pela inspiração, apoio e amizade; e à minha matilha, Shadow e Sheeba, por estarem sempre comigo e me ensinarem a ser seu líder. Agradeço a Bob Aniello e a Dave Rogers pelo crédito e pela confiança. E, claro, gostaria de agradecer a Cesar, com quem aprendi muito ao longo dos anos e que me deu a oportunidade de trabalhar em um campo pelo qual sou tão apaixonado.

— Jon Bastian

Gostaria de agradecer aos meus pais, Al e Jean Aniello, pela total dedicação e inspiração; à minha família, Daryle, Nick e Chris, por me aturarem e me permitirem ser quem sou, mesmo quando isso os enlouquece; a meus irmãos, Ron e Rick, com quem sempre pude contar e que têm me guiado criativa, moral e espiritualmente. E a Cesar, por me ensinar que tudo é realmente possível.

— Bob Aniello

Gostaria de agradecer a Cesar Millan e à sua ótima equipe pela oportunidade de trabalhar neste projeto tão empolgante. Obrigada, Bob e Jon, por mover céus e terra para entregar o texto sob condições que a maioria consideraria impossíveis. Vocês são o time dos sonhos — rápidos, dispostos a tudo e sempre trazendo novas maneiras de fazer um livro melhor. Agradeço a meu marido, Crenshaw, e à minha filha, Diana. Saber que tenho vocês torna tudo possível. Agradeço aos meus gatos cinzentos (ai, ai), Colonel e Nellie, por ronronar e esfregar a cabeça em mim. E a Hoss, Ralph, Max, Bud e Lucy, por serem os melhores cães que alguém poderia desejar. Tenho muita sorte por compartilhar minha vida com vocês.

— Amy Briggs

SUMÁRIO

Introdução 11
Como ler este livro 17
1. O estado mental canino.. 21
2. As leis naturais do cão, segundo Cesar Millan...................... 35
3. Nove princípios simples para um cão equilibrado 53
4. Técnicas práticas para o líder da matilha........................77
5. Não é malcriação 95
6. Escolhendo o cão certo para você.. 137
7. Você, seu cão e as mudanças da vida 163
8. A fórmula de satisfação 181
9. Aprimore seu cão, aprimore sua vida 193

Recursos adicionais..205
Recursos adicionais da edição brasileira 207
Créditos das imagens 208

INTRODUÇÃO

Estou de pé na areia fofa do deserto enquanto a sola dos meus sapatos escava mais a fundo o solo poroso. Quando me acomodo, a areia começa a formar um molde ao redor dos meus pés, como cimento. Faz calor, mais de quarenta graus. Estou desconfortável, e é difícil me mover.

Ao olhar ao longo da fronteira dos Estados Unidos com o México, de repente me dou conta de que vivo nos Estados Unidos há mais tempo do que vivi no México. São mais de 22 anos desde que cruzei ilegalmente a fronteira, em 23 de dezembro de 1990, de Tijuana para San Ysidro, no sul de San Diego, Califórnia, quando eu tinha 20 anos.

A fronteira era muito diferente. Havia menos muros e menos patrulheiros, e o deserto se estendia pelo que parecia uma eternidade naquela época. Apesar de tanta coisa à minha volta ter mudado, reconheço o mesmo deserto e os vales por onde vaguei sozinho durante duas semanas antes de atravessar com segurança para San Diego. Ainda posso sentir a aridez do ar e a nudez do terreno onde me escondi entre rochas e arbustos para não ser pego. Esses sentimentos de solidão nunca desaparecem, e voltar só intensificou as memórias dessa experiência. Conforme observo a paisagem, eu me pergunto: Como foi que fiz isso? Meu sonho era simplesmente vir aos Estados Unidos e me tornar adestrador de cães. Era um sonho naquela época, e agora é uma realidade. Essa viagem está concluída para mim.

É dia 13 de setembro de 2012, e estou de volta a San Ysidro, ao lugar exato por onde atravessei ilegalmente. Só que desta vez não estou aqui como um imigrante solitário e assustado, mas como alguém cujo sonho se realizou. Estou com uma equipe de filmagem completa, um fotógrafo e minha gerente de produção, Allegra Pickett. Não cheguei a pé, perambulando pelo deserto, mas no conforto de um utilitário com ar-condicionado, e com a National Geographic Television, que está filmando um documentário sobre a minha vida. É surreal para mim, e não me sinto importante, mas quase envergonhado pelo fato de uma rede de TV considerar a história da minha vida tão interessante a ponto de querer compartilhá-la com outras pessoas.

Enquanto as câmeras rodam, uma multidão de curiosos e de fãs começa a se formar a poucos metros de nós. A maioria parece conhecer meu nome. Alguns dizem, em espanhol, *El Encantador de Perros,* O Encantador de Cães. Durante os intervalos da gravação, converso com algumas pessoas e dou autógrafos. A diversidade da multidão é impressionante e reflete a ampla base de fãs do programa de TV, que vai ao ar em mais de cem países. Há uma canadense de mais ou menos 60 anos dizendo que assistiu a todos os 167 episódios de *O Encantador de Cães*, uma família de Seattle, um argentino que afirma usar um pouco de minha psicologia canina na criação dos próprios filhos e uma jovem família de Londres que assistiu ao meu seminário Cesar Millan Live quando eu estava em turnê, em março de 2010.

Enquanto estou na fronteira ouvindo esses fãs, eu me dou conta de que, embora tenha nascido e sido criado no México e depois me tornado cidadão americano, em 2009, não pertenço a um país definido por fronteiras, território ou linguagem. Pertenço a uma

*De volta aonde tudo começou: meu retorno, em 2012,
à fronteira perto de San Ysidro, Califórnia.*

comunidade global de pessoas que amam cães. Essa é a minha matilha. Faço parte dela com essas pessoas... e com seus cães. E são mais de quatrocentos milhões de cães e mais de um bilhão de pessoas nessa matilha. Meu papel nessa enorme comunidade é o de um líder de matilha.

É um privilégio que levo muito a sério. Como líder de matilha, espera-se que eu forneça proteção e direção. Claro, a maioria das pessoas vem a mim porque está buscando respostas para seus problemas com cães. Durante as nove temporadas de *O Encantador de Cães*, mostrei técnicas para corrigir qualquer tipo de mau comportamento de todas as raças que se possam imaginar e me deparei com cada erro humano possível na criação de cães. Mas meu papel como líder de matilha é o mais importante para mim agora. Tamanha é a sua importância que decidi encerrar *O Encantador de Cães* depois da nona temporada e criar um novo programa, chamado *O melhor amigo do cão*.

Enquanto *O Encantador de Cães* foi um programa sobre reabilitação, *O melhor amigo do cão* é um programa sobre resgate. É a história do abandono e da segunda chance; de reabilitação e adoção por uma família compatível. Para muitos dos cães no programa, essa é a sua última chance. Em meu papel de líder de matilha, procuro novos lares para esses cães incríveis, dando a suas novas famílias as ferramentas adequadas para cuidar deles. Embora existam poucas pessoas no mundo que possam ser encantadores de cães, todo mundo pode ser um líder de matilha.

Esse novo propósito me compeliu a elaborar este livro, para ajudar pessoas a se tornar líderes de matilha da mesma forma que eu me tornei. Quando paro para pensar sobre isso, vejo que este guia vem sendo feito ao longo de 22 anos. Assim, combina todo o meu conhecimento empírico de psicologia e treinamento caninos em um único volume fácil de ler.

Tenho aprendido muito com Junior, meu cão braço direito.

Aqui, explico os aspectos mais importantes para compreender os cães como cães, e não como seres humanos. Conto como milhares de anos de evolução e intervenção humana no aprimoramento genético moldaram nossos companheiros caninos. Em seguida, exploro o que chamo de "leis naturais do cão" e como elas afetam o comportamento e o pensamento caninos. No capítulo 3, você vai encontrar meus "nove princípios fundamentais", pequenas ferramentas simples e intuitivas para ajudá-lo a criar um cão saudável, feliz e equilibrado. Esses princípios e técnicas são os que tenho aplicado com a minha própria matilha e em meu trabalho de reabilitação. Os capítulos seguintes abordam importantes lições e estratégias para encontrar o cão certo, adaptá-lo às mudanças de vida e corrigir maus comportamentos comuns. Dividi cada problema e ofereci soluções, de modo que o material é fácil de acompanhar e consultar.

Além disso, preenchi estas páginas com o que aprendi sobre o comportamento humano com base em meu trabalho com cães e em minhas experiências de vida. Falaremos mais sobre isso nos capítulos finais, no quais compartilho com você histórias inspiradoras — incluindo a minha — de pessoas cuja vida foi tocada e alterada para sempre por um companheiro canino. Pela primeira vez, vou compartilhar com você percepções que tive por meio do trabalho que realizei com pessoas como a *personal coach* e estrela do programa de TV *The Biggest Loser*, Jillian Michaels. Essas pessoas promoveram mudanças profundas aplicando as leis naturais do cão, os princípios fundamentais e as técnicas de líder de matilha que desenvolvi ao longo de vários anos ajudando animais e pessoas a encontrar juntos a harmonia.

E, claro, ao longo do livro você vai conhecer os cães, os obsessivos, os agressivos, os humanizados a ponto de se tornar desequilibrados e de seus donos — que são a causa e a origem do problema — terem de abandoná-los ou isolá-los em jaulas ou quintais. Também vou compartilhar histórias de cães especiais do meu novo programa, *O melhor amigo do cão*. Você verá como os métodos discutidos neste livro têm ajudado todos esses cães a encontrar o equilíbrio, assim como novos lares amorosos com a família perfeita.

Até o final deste *Guia rápido para um cão feliz*, você terá viajado comigo pelo coração e pela mente de um cão. Assim, ganhará uma rica compreensão de como a mente desse animal funciona e como nossa energia afeta seu comportamento, e ainda aprenderá a ser um bom líder de matilha para seu cachorro.

E, se meu trabalho como líder de matilha for bem-feito, você compreenderá de maneira mais profunda o que está desequilibrado em sua vida, e espero que aprenda a melhor forma de atender às necessidades de sua própria matilha.

É minha esperança e convicção que este livro vai lhe trazer ensinamentos que melhorem e enriqueçam seu relacionamento com seu cão, sua família e sua comunidade. Bem-vindo à matilha.

COMO LER ESTE LIVRO

Antes de começar a ler, é importante que você mantenha a mente aberta. Entendo que uso palavras que deixam as pessoas desconfortáveis. De acordo com a minha experiência, as duas mais comuns são "domínio" e "controle". Acredito que algumas pessoas se sentem incomodadas com esses termos porque os interpretam de forma negativa. Gostaria de explicar por que, para mim, são palavras neutras, talvez até positivas, e necessárias.

As pessoas com frequência me perguntam o que quero dizer quando uso essas palavras. Aparentemente, em inglês, e nos Estados Unidos em particular, elas têm conotações negativas; ninguém gosta de um cônjuge ou chefe "controlador", e o conceito de "domínio" implica conquistar ou esmagar um inimigo por completo.

Quando uso esses termos, não são essas associações que faço. A palavra "domínio" vem do latim *dominus*, que significa apenas "mestre". Aos meus ouvidos, essa palavra soa como *maestro* em espanhol, que significa simplesmente "professor". Em inglês, a palavra "maestro" frequentemente se refere ao condutor de orquestra — e essa é uma imagem muito mais agradável para associar com a palavra "domínio", pois o condutor proporciona uma das duas coisas que o cão dominante de uma matilha oferece: direção.

A segunda palavra muitas vezes incompreendida é "controle". Quando usada neste livro, representa o ato de iniciar, modificar e deter a ação dos outros. Quando os professores dizem a seus alunos que comecem uma prova ou que larguem seus lápis no final, isso é controle. Quando um guarda de trânsito faz os carros desviarem o caminho por causa de um acidente — mudando sua direção —, isso também é controle. No relacionamento com seu cão, você, o ser humano, deve ser quem determina quando as coisas começam, mudam e param. Se é seu cão que toma essas decisões, então você simplesmente não está no controle. Para ser um líder de matilha, você deve estar no controle.

Se estiver fazendo uma caminhada e seu cão começar a puxar para frente, tome o controle e mude a direção. Se o animal estiver apresentando um comportamento que você não deseja, interrompa-o. Forneça a correção. Antes de dar ao cão algo que ele quer — uma caminhada, comida, água, carinho —, espere até que ele apresente o comportamento que *você* quer em um estado calmo e submisso. A ação desejada pelo animal só começará quando *você* permitir isso, nunca quando seu cão a iniciar.

Acredito fortemente que aceitar essas palavras — "controle" e "domínio" — faz parte do processo de se tornar um líder de matilha. É crucial que você se acostume a elas — no sentido que eu lhes dou.

Devido ao fato de os seres humanos às vezes fazerem fortes associações negativas com palavras, o ato intelectual de ler uma delas pode desencadear uma resposta emocional — muitas vezes defensiva — que talvez fique no caminho do entendimento. Ao ler este livro, eu o desafio a ficar atento a suas emoções e a se deter em qualquer palavra que o faça se sentir desconfortável. Sublinhe-a e, a seguir, pense no motivo de ela ter gerado essa reação.

Tente isso agora com "controle" e "domínio". O que cada uma dessas palavras significa para você? Provocam sentimentos positivos ou negativos? Por que têm esse efeito? Para todas as palavras que o incomodarem, tente encontrar sinônimos que lhe pareçam mais agradáveis. Por exemplo, muitas pessoas podem pensar que a palavra "calor" traz à tona emoções desagradáveis, mas "quentura" talvez seja mais positiva — é como o deserto escaldante no verão *versus* uma lareira e pessoas queridas em uma festa no inverno.

Para os cães, as palavras não significam nada. São apenas tons e inflexão de sons. Isso inclui os nomes pelos quais os chamamos. Eles se comunicam com a energia e nos respondem melhor quando estamos calmos e assertivos. Para alcançar o estado de calma, temos primeiro de controlar nossas emoções, especialmente as que levam a estados de energia fraca, como dúvida, medo ou ansiedade. Se determinadas palavras lhe causam esses sentimentos, então é preciso neutralizar o negativo, identificando por que elas o fazem se sentir assim, eliminando essa conotação e/ou substituindo-as por sinônimos que lhe são neutros, se necessário.

O conhecimento elimina o medo, e o objetivo deste livro é lhe oferecer abundância de conhecimento. Alcançar a calma, no entanto, está em suas mãos. Se trabalhar comigo e ler este livro com a mente aberta, você vai aprender a chegar a esse estado de calma e instintivamente saberá como dar equilíbrio a seus cães.

1
O ESTADO MENTAL CANINO

Agora que estamos dando início à nossa jornada rumo a uma vida mais feliz com seu cão, é melhor começar vendo o mundo pelos olhos dele, ou, mais provavelmente, sentindo o mundo pelo nariz dele. Você precisa primeiro tentar entender e aceitar o estado de espírito canino.

Você já se perguntou no que seu cão está pensando quando olha fixo para você? Você lhe dá comandos como "senta", "calma" ou "saia do sofá", e, se for um cão bem equilibrado, ele obedece; mas o que está acontecendo no cérebro dele quando reage a um comando? Você não precisa mais se perguntar. O cérebro de um cão é uma coisa maravilhosa. Dá a ele informações sobre o mundo, diz o que fazer com elas e o ajuda a descobrir como agradar você, o humano dele.

Os cães são motivados a agradar as pessoas. Sabem instintivamente que elas lhes são de extrema importância e que eles podem ter praticamente qualquer necessidade satisfeita se recorrerem a um humano. Como resultado, fazem o que podem para nos agradar, e o cérebro deles está preparado para esse impulso.

Cães são maravilhosamente adaptáveis, mas essa pulsão de agradar é uma faca de dois gumes. Se quiser que seu cão se comporte como uma criança carente, ele acabará se comportando assim, apesar de seus instintos naturais lhe dizerem o contrário. Por um lado, o desejo de agradar faz que eles sejam animais de estimação carinhosos e servidores dedicados, mas, por outro, também pode lhes causar a maioria dos problemas. Quando os cães tentam se adaptar aos desejos humanos, que não lhes são naturais, eles podem ficar desequilibrados.

Entender como funciona o cérebro de seu cão pode não só ajudar você a compreendê-lo, mas também a ser um líder de matilha melhor, dando ao animal o que ele necessita para ser saudável, feliz e equilibrado.

▸ O cérebro do seu cão

O cérebro de um cão precisa de grandes quantidades de combustível para funcionar corretamente. Embora um cérebro médio desse animal corresponda a menos de 1% de seu peso corporal, recebe mais de 20% do sangue bombeado pelo coração.

O cérebro canino é responsável por interpretar todas as informações ou sinais que recebe dos vários estímulos sensoriais e agir de acordo com essa interpretação. De uma forma simples, o cérebro de um cão é como uma autoestrada de informação sensorial, e as respostas que dão a esses sinais são predeterminadas por sua composição genética. Mas isso não significa que os cães reagirão sempre da mesma maneira aos mesmos estímulos.

A anatomia cerebral deles é semelhante à da maioria dos mamíferos. É o órgão que controla a aprendizagem, as emoções e o comportamento. O cerebelo controla os músculos, e o tronco cerebral faz a conexão com o sistema nervoso periférico.

Outra rede cerebral, denominada de sistema límbico, é a área que controla as funções gerais da memória.

Um cão entende sua própria relação com o mundo a seu redor por meio do sistema límbico, que é alimentado pelos sentidos — olfato, audição, visão, tato e paladar.

Anatomia do cérebro canino

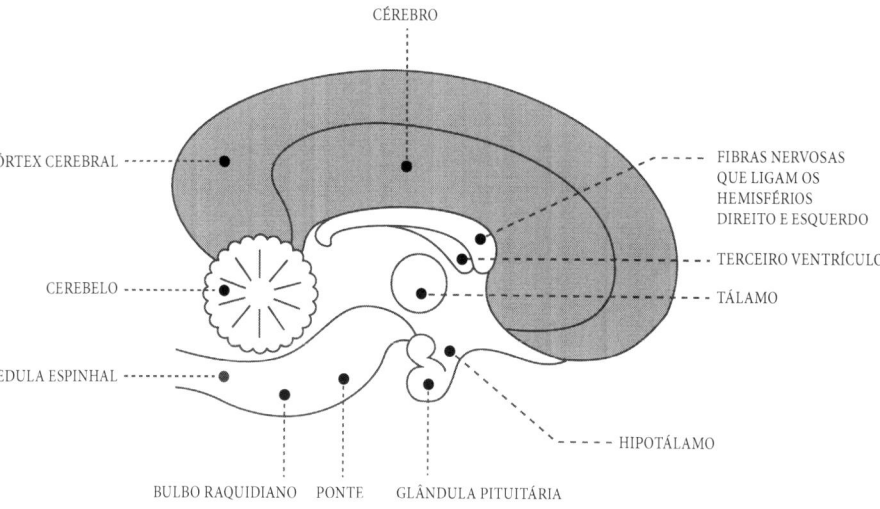

▶ **Instintos** *versus* **treinamento**

Às vezes surge um conflito natural entre o que um cão "instintivamente" quer fazer e o que queremos que ele faça. Esse cabo de guerra se desenrola no sistema límbico do cérebro dele.

A maioria dos métodos de treinamento canino é focada no sistema límbico natural, seja dando recompensas para que eles nos obedeçam e ignorem seus instintos, seja punindo-os por seguir tendências instintivas.

A maioria dos adestramentos hoje em dia segue duas escolas de pensamento: aprendizagem baseada em recompensas ou em punições. Já usei técnicas de ambos os métodos em meu trabalho de reabilitação, e sempre recomendo empregar aquele que for melhor para você e seu cão. Em vez de seguir um método ou fórmula específica, sempre tento adaptar minha abordagem ao cão particular que tenho diante de mim.

Treinar é aplicar técnicas. Dou aulas no Centro de Psicologia Canina (CPC) nas quais ensino a maior parte das técnicas de adestramento comumente usadas hoje, como o clicker e o baseado em recompensas. Muitas vezes as pessoas insistem para que eu não use técnicas de clicker em minha formação, mas o "Tsch!", som que faço com a boca durante as sessões de reabilitação, tem a mesma função que usar o aparelhinho. Ele associa um som a um comportamento particular que eu quero que o cão apresente. Da mesma forma, também uso guloseimas para induzir cães medrosos a um estado de relaxamento antes de dar início à sessão de reabilitação.

Durante as aulas de treinamento no Centro de Psicologia Canina, com frequência ouvi treinadores debatendo e até discutindo sobre qual técnica seria melhor para uma situação específica. Quando pediam minha opinião, eu sempre voltava aos princípios básicos: conhecer as necessidades particulares do cão, direcionar as tendências do animal para atividades saudáveis e ter um projeto claro e consistente de liderança.

Não importa se você usa uma guloseima, um clicker ou a disciplina para obter o comportamento desejado, desde que esse comportamento seja natural.

▸ Trabalhar com os instintos, não contra eles

Muitos problemas dos cães hoje em dia ocorrem porque o ser humano suprime o funcionamento natural do sistema límbico deles. A chave para o treinamento canino bem-sucedido é reorientar a energia e os instintos naturais do cão para o comportamento que seja positivo tanto para o homem quanto para o animal. Redirecionamento em vez de supressão é uma das minhas regras fundamentais. Sempre tento alimentar e cultivar todas as habilidades especiais de determinada raça e redirecionar as tendências naturais dos cães para atividades saudáveis.

Por exemplo, recebo muitos chamados de proprietários de schnauzers reclamando de que seu cão está cavando excessivamente no quintal. O nome "schnauzer" vem da palavra alemã *schnauze*, focinho. Eles foram gerados para caçar ratos e outros animais nocivos em celeiros e casas e têm um faro realmente poderoso. A raça só está fazendo o que foi instintivamente programada para fazer. Em vez de lutar contra os instintos naturais do cachorro, por que não tentar criar um espaço onde é permitido que o cão cave? Cavar é uma forma de exercício e elimina gradualmente o excesso de energia. A habilidade de trabalhar com os instintos naturais do cão pode ser uma solução mais fácil.

No CPC dispomos de áreas especiais onde os cães podem exercitar seus instintos naturais. Temos uma piscina para cães de água e retrievers, e também uma área de pastoreio para as raças que têm a genética para arrebanhar.

Lembro-me de uma cadela chamada Ginger levada ao CPC por uma organização local de resgate. Ginger era tão tensa e irritadiça que seu dono simplesmente desistiu dela. Eu podia afirmar que a cadela estava dominada pela ansiedade, e nesse estado de espírito ela nunca seria adotada. No entanto, levei Ginger para a área de pastoreio, e acho que nunca vi uma transformação tão rápida. Em dez minutos ela estava pastoreando as ovelhas e, com suas necessidades instintivas satisfeitas, relaxou até um estado de calma e submissão. Ainda usamos Ginger como celebridade no Centro de Psicologia Canina sempre que precisamos demonstrar o pastoreio. Ela consegue arrebanhar ovelhas mais rápido do que qualquer cão que conheço.

De acordo com Janna Duncan, que ministra as aulas de pastoreio no CPC, "O pastoreio é instintivo para muitas raças. Quando estão 'trabalhando', os cães sentem que têm um propósito na vida. Deixá-los trabalhar contribui para a autoconfiança e alivia a ansiedade e a agressividade". Em uma aula, vi como Janna apresentou um filhote de 5 meses às ovelhas. Ela permitiu que o cachorro "encontrasse seus instintos". Em poucos minutos, a cadelinha, Luna, foi instintivamente tentando manter as ovelhas juntas e tocá-las como rebanho. Após a demonstração, Luna orgulhosamente caminhou para sua família e se sentou em silêncio, obediente, aos pés deles. Seu trabalho estava feito!

▶ Supressão do instinto canino de arrebanhar

- 🐾 **Tendência instintiva** = pastoreio
- 🐾 **Estado de energia** = ansiedade extrema, instável
- 🐾 **Problema comportamental** = tendência a arrebanhar outros animais de estimação e até os seres humanos em casa; mordidas constantes nos calcanhares e pulos sobre as pessoas
- 🐾 **Solução** = redirecionar a energia para *flyball*, *frisbee* ou *agility*
- 🐾 **Raças mais afetadas** = corgi, pastor, pastor-belga malinois, border collie, briard, pastor-alemão, sheepdog, vallhund sueco

Em alguns casos, você pode querer fazer o oposto de alimentar uma característica específica da raça. Com certas raças poderosas, como rottweiler e pit bull, você talvez não queira estimular a atividade específica para a qual o cão foi geneticamente modificado, como a caça ou a guarda. Portanto, terá que encontrar formas criativas de redirecionar essas tendências. Por exemplo, Junior e eu adoramos brincar de cabo de guerra. O instinto dele o atrai para a caça. Quando brincamos de cabo de guerra, eu reoriento sua energia para um jogo de controle.

A repressão das tendências naturais, instintivas, pode levar a sérios problemas de comportamento. Ginger é apenas um exemplo de cão com problema de comportamento que se desenvolve quando os seres humanos tentam anular o sistema límbico do animal. Por uma série de razões, alguns proprietários não conseguem deixar seus cães de pastoreio arrebanharem, seus cães de água nadarem ou os escavadores cavarem. Nesses casos, o melhor é aceitar que esses cães acumularão excesso de energia que precisará ser drenado. Aumentar a quantidade de exercício do animal pode queimar essa energia, envolver os sentidos e diminuir o comportamento indesejado.

▸ Do que o cão se lembra

Agora que você tem uma compreensão básica de como funciona o cérebro do cão e de como o animal processa informações sensoriais, é igualmente importante entender como funciona a memória dele. A capacidade dos cães de apenas "viver o momento" também os torna passíveis de treinamento. Em meus 22 anos de profissão, trabalhei com milhares de cães, e houve poucos que não pude ajudar.

A pesquisa científica sobre como os cães percebem o tempo e recordam acontecimentos é limitada. No que diz respeito à memória e ao tempo, sabemos que são diferentes dos humanos. Minha experiência me revela que os cães não podem voltar mentalmente no tempo ou viajar para o futuro como nós fazemos. Ser capaz de evocar memórias específicas e antecipar eventos futuros é um dom maravilhoso, mas, ao mesmo tempo, essas habilidades humanas têm um custo: ansiedade, medo, culpa e arrependimento.

Muitos dos meus clientes são céticos quando lhes digo que os cães vivem apenas no presente e que sua extensão de memória real é realmente muito curta, cerca de vinte segundos. Afinal de contas, argumentam, meu cão é treinado para ir buscar a bola e deixá-la aos meus pés toda vez que eu lançá-la. Eles se lembram do que fazer. Mas não é isso que está acontecendo no cérebro deles.

Lembre-se: os cães aprenderam a reagir a comandos e a agradar os humanos. Assim, eles podem saber como responder ao comando "vá buscar" sem ter uma lembrança do evento específico com que aprenderam esse comando. Você pode se lembrar de todos os detalhes daquele brilhante dia de primavera em que ensinou seu animal de estimação a ir apanhar a bola, mas ele não. Pelo menos, não da mesma maneira que você.

Um cão se lembra de pessoas e lugares com base em associações que fez com tais pessoas e lugares. A memória associativa pode trabalhar tanto positiva quanto negativamente. Se um cão teve uma visita traumática ao veterinário depois de um passeio de carro, pode reagir a todos os passeios de carro com medo, até que essa associação da memória seja substituída pela associação do passeio de carro a algo positivo, como ir ao parque. Quanto mais forte for a associação, mais difícil será substitui-la.

Quando trabalho com cães traumatizados, primeiro tenho de identificar suas associações negativas. É preciso tempo e paciência para reprogramá-las. Já fiz muitos trabalhos com cães militares que voltavam de zonas de guerra. Muitos deles requerem uma extensa reprogramação antes de estarem prontos para a adoção por novas famílias. Esses animais não sabem se estão dentro ou fora de uma zona de guerra ou se a batalha acabou. Eles estão sempre trabalhando e têm muitas associações negativas, geralmente com barulhos altos. Fogos de artifício são especialmente difíceis para esses animais.

Trabalhei com um cão militar especial chamado Gavin, um labrador amarelo de 10 anos aposentado do Departamento de Álcool, Tabaco, Armas de Fogo e Explosivos (ATF).

Gavin passou dois anos no Iraque, onde desenvolveu sérios problemas de aversão a barulho. Ao voltar para os Estados Unidos,

Gavin superou seu medo de barulhos altos se tornando um cão novamente.

demonstrava medo ao som de um trovão ou de fogos de artifício. O transtorno evoluiu, incluindo medo de sons agudos, como detectores de fumaça e gritos de crianças.

Quando o labrador chegou até mim pela primeira vez, ele nem sabia como se portar com outros cães. Simplesmente ficou paralisado diante da minha matilha. Como parte do treinamento militar, ele se acostumara tanto a um bando de pessoas que esquecera como se portar na presença de cães. Era como se ele tivesse se tornado um robô, e tudo de canino lhe tivesse sido drenado.

Eu reabilito esses cães com a introdução de uma atividade que está em seu DNA natural, mas não em sua rotina diária. No caso de Gavin, foi a natação. Labradores são nadadores natos, originalmente criados para ajudar os pescadores a puxar as redes. Inicialmente Gavin estava um pouco hesitante, mas, depois de algumas tentativas, ele de fato aceitou a água. Recuperou a confiança, e com isso seus instintos caninos naturais voltaram. Quando Gavin voltou a ser ele mesmo, tornou-se apto para o treinamento. Em vez de ser medroso e desconfiado com ruídos altos — algo que aprendeu na vida militar —, eu o ensinei a associar barulho com deitar-se. Toda vez que Gavin ouvia um barulho, eu o instruía a se deitar e descansar. Com o tempo, ele aprendeu a ficar mais relaxado na presença de ruído.

Gavin acabou sendo adotado por seu agente do ATF, L. A. Bykowsky, após superar o medo de sons altos. Quando L. A. não estava em missão, Gavin ia a meu escritório visitar velhos amigos e cães. Infelizmente, ele faleceu em fevereiro de 2011 depois de uma batalha contra o câncer, mas viveu seus últimos anos como um cão feliz e equilibrado.

▶ Estimular o cérebro cedo e com frequência

Muitas vezes me perguntam se os donos de cães não podem fazer nada para deixar seu animal mais inteligente. Se você der uma olhada nas prateleiras do supermercado, encontrará diversos alimentos para cachorro que afirmam ajudar na inteligência. Eu não sei se a dieta é capaz de aprimorar a inteligência, e os cães não podem fazer testes de QI para comprovar esse tipo de coisa. No entanto, acredito que "estimular" um cão durante a primeira infância pode resultar em um cérebro mais forte e mais equilibrado.

O cérebro de um cachorrinho é como uma esponja: absorve todos os cheiros, paisagens e experiências do mundo o mais rápido possível. Um filhote bem estimulado vai crescer com um cérebro maior, com células mais numerosas e maiores, e mais interconexões entre elas. Ouvir barulhos altos, fazer exercícios regulares, conhecer novos cães e pessoas, viajar para lugares novos e mesmo participar de treinamentos de *agility* alguns minutos por dia contribui para um cérebro forte. Podemos influenciar o desenvolvimento do cérebro de um filhote fornecendo-lhe o melhor ambiente possível desde recém-nascido.

Da mesma forma, um cão privado de estimulação ou que não interage com outros de sua espécie ou com seres humanos terá, mais provavelmente, um cérebro menor e será menos equilibrado. Tenho visto muitas situações em que um cão subestimulado é não apenas infeliz, mas também indiferente, um animal quase sem vida.

Inversamente, uma quantidade excessiva de uma coisa boa pode ser prejudicial. Também já vi situações em que superestimular um cão pode acarretar problemas de comportamento e agressividade. Sinais de superestimulação podem ser vistos em um cachorro que entra em determinado espaço ou se aproxima de outro cão cara a cara, com a língua de fora, ofegante, puxando a coleira ou latindo. Muitos donos interpretam esses sinais como os de um cão "feliz", mas na realidade esses animais estão descontrolados. Quando vir esses sinais, significa que seu cão precisa de calma, direcionamento decidido, e é melhor afastá-lo de tudo que for superestimulante até que tenha se acalmado.

 *Técnicas em ação:*
Desafiando a mente de seu cão

Manter seus cães mentalmente desafiados e constantemente expostos a coisas novas é tão importante quanto levá-los para passear e se exercitar. Cães entediados desenvolvem comportamentos destrutivos e põem a energia negativa para fora em coisas como os móveis. Eis algumas maneiras criativas de estimular a mente de seu animal de estimação:

1. Trabalhe um novo truque. Toda vez que você envolve seu cão em uma sessão de treinamento, está lhe oferecendo um desafio mental. Pesquise novos truques para aprender e praticar. Se estiver pronto para ir além dos comandos básicos de "senta", "fica" e "vem", tente unir os comandos, como "pega e senta".

2. Use jogos interativos ou brinquedos. Os brinquedos para cães evoluíram para mais do que bichinhos de borracha que assobiam e esquilos de pano. Gosto de usar brinquedos que nos permitem esconder guloseimas e objetos dentro deles, estimulando o cão a descobrir como tirá-los dali. Se não tiver um brinquedo desses, você pode esconder uma guloseima em uma das mãos e deixar que ele descubra em qual está. Como cães têm um olfato poderoso, o seu animal sempre vai acertar.

3. Mude sua rotina de caminhada. Tente uma rua diferente ou um parque a fim de manter o passeio interessante para o animal.

4. Dê ao cão um trabalho para fazer. Os cães são criados para realizar tarefas, como caça e pastoreio. Envolva seu animal em uma brincadeira com *frisbee*. Exponha-o a um esporte como *agility* ou *flyball*. Encontre atividades que satisfaçam a raça dele.

5. Socialize seu cão. Os cães são animais sociais, e você deve suprir a necessidade de atividade social planejando dias de brincadeiras com cães compatíveis.

▸ Vendo as coisas do jeito que seu cão vê

A maioria dos cães mais felizes e equilibrados que encontro parecem ter donos que instintivamente os entendem. Essas pessoas são capazes de compreender o mundo em que o cão vive e ajudar a guiá-lo nele. Você também pode se tornar esse tipo de líder de matilha. Por isso é tão vital entender como o cérebro de seu animal funciona, como processa a informação e como os instintos podem dirigir o comportamento dele. Tendo uma ampla compreensão de todas essas informações, você estará bem equipado para passar aos capítulos seguintes, que construí com base nisso. Ser capaz de "enxergar" o ponto de vista único de seu cão vai ajudá-lo a adotar as técnicas e os princípios que estão por vir.

2
AS LEIS NATURAIS DO CÃO, SEGUNDO CESAR MILLAN

UMA DAS PERGUNTAS MAIS FREQUENTES QUE DONOS DE CÃES ME fazem é: "O que é psicologia canina?" Muitos acreditam que a psicologia canina é a mesma que a humana, mas não é; na verdade, são duas coisas muito diferentes. Em vez de examinar as emoções e reações, a psicologia canina tenta compreender e explicar o comportamento do cão de uma perspectiva canina, não humana.

E, para ter ainda mais conhecimento do estado de espírito canino, você precisa entender o que chamo de leis naturais do cão. Se quiser controlar seus animais e ser o líder da matilha, você precisa compreender quem eles são e do que precisam como *cães* no estado natural.

E quais são as leis naturais do cão? Em essência, elas resultam de milhares de anos de evolução de cães selvagens. São verdades fundamentais que devem ser compreendidas para que os cães vivam em harmonia com os seres humanos. Essas forças poderosas continuam moldando a forma como os animais modernos pensam e se comportam. São as leis que a Mãe Natureza impôs à espécie. Se você as ignorar, estará trabalhando contra a natureza, e ela tem uma força de luta poderosa. As cinco leis são:

1. Cães são instintivos. Seres humanos são intelectuais, emocionais e espirituais.

2. Energia é tudo.
3. Cães são primeiramente animais, depois a espécie, a raça e então seu nome.
4. Os sentidos do cão formam sua realidade.
5. Cães são animais gregários, sociais, com um líder e seguidores.

Vamos examinar cada uma dessas leis e seus efeitos sobre a memória, o comportamento e o intelecto desses animais. Depois de entender essas cinco leis, você poderá começar a aplicar os princípios fundamentais e as técnicas para líder de matilha discutidos nos capítulos 3 e 4. Junte tudo isso e terá as ferramentas essenciais para atingir seu objetivo: um cão calmo, submisso, que o respeite, confie em você e o ame.

Em minha experiência, a maioria dos seres humanos se concentra apenas no resultado: "Por que meu cachorro não faz o que digo?" Alguns focam apenas as técnicas — o jeito certo ou errado de passear com o cachorro, por exemplo. Mas, sem compreender as leis naturais do animal, você terá dificuldade de atingir qualquer resultado positivo, não importa qual técnica use. Quando dominar tais leis naturais, você vai se surpreender ao ver como é simples aplicar com sucesso as técnicas de treinamento discutidas mais adiante.

 *Primeira lei natural canina:*
Cães são instintivos. Seres humanos são intelectuais, emocionais e espirituais.

Um dos problemas mais frequentes dos seres humanos com que lido é que pensam que seus cães são como eles. Observe quanto as pessoas tendem a humanizar seus cães. Fazem festas de aniversário, vestem roupas neles, colocam-nos em carrinhos de bebê e conversam com eles como se fossem confidentes.

As pessoas (pelo menos algumas) apreciam essas coisas. Então por que não os cães delas? O que muitas não percebem é que esse tipo de atividade não é gratificante para o animal, somente para as pessoas. Elas usam os cães para suprir seus próprios anseios e necessidades emocionais.

Outro erro comum é atribuir emoções humanas aos cães. Quantas vezes você já ouviu um dono de cão dizer: "Coitadinho, ele está triste porque..."? E então a pessoa constrói uma história para explicar o desconforto do animal de estimação: "Ele está triste porque gritei com ele", ou "Ele está triste porque alguém o maltratou". Normalmente, usamos explicações emocionais humanas para a tristeza ou a depressão esboçadas pelos cães. Embora eles tenham emoções, elas não são tão complexas quanto as humanas. No entanto, esses animais sentem as emoções provenientes dos seres humanos. Eles sentem as nossas emoções como energia, e a energia para os cães é positiva ou negativa. Assim, leem energia negativa como fraqueza e reagem de acordo.

Por estarmos constantemente explicando os problemas do cão em termos humanos, nossa relação com ele sofre. O que repetidamente não conseguimos enxergar é que a solução que daríamos a um ser humano é totalmente errada para resolver os problemas de um cão. Por exemplo, quando uma pessoa avista um cão assustado ou nervoso, primeiro lhe oferece conforto e tenta consolar o animal assustado. Essa ação pode ter o resultado oposto. O conforto e o carinho podem reforçar o comportamento negativo do cão, porque o premiam. Desse modo, o problema pode piorar, porque o comportamento instável foi reforçado.

Naturalmente, isso jamais aconteceria no mundo animal. Nele, um membro da matilha instável seria ignorado pelo restante do bando. Se a instabilidade persistisse a ponto de pôr o bando em perigo, o animal seria rejeitado. Quando um cão percebe energia instável, seus instintos são quase diametralmente opostos ao primeiro impulso humano.

Para entender nossos cachorros, temos sempre de lembrar que eles são seres instintivos. Não pensam do mesmo jeito que nós, e suas emoções não são como as nossas.

Veja a seguir alguns comportamentos humanos que indicam que você está humanizando os cães e ignorando os instintos dos animais.

As cinco maneiras mais comuns de as pessoas humanizarem os cães, segundo Cesar

Humanizar os cães pode perturbar o equilíbrio deles e acarretar problemas de comportamento ao longo do tempo. As pessoas humanizam seus animais de estimação de muitas maneiras, mas estes péssimos hábitos são os mais comuns:

1. Permitir que o cão aja como ser humano (isto é, comer à mesa, dormir na cama de uma pessoa).
2. Atribuir sentimentos e emoções humanos às ações, à linguagem corporal ou às expressões do animal de estimação.
3. Vestir cães com roupas que não têm a finalidade de proteção ou identificação.
4. Esperar que os cães compreendam e interpretem a linguagem humana.
5. Aplicar soluções humanas para os problemas caninos (ou seja, confortar um cão ansioso ou felicitar com entusiasmo um cão superagitado).

Segunda lei natural canina: Energia é tudo.

Há uma série de estudos científicos sobre os efeitos da genética, da criação e da evolução no comportamento canino. No entanto, não há reconhecimento ou compreensão suficientes sobre como a energia humana afeta diretamente o comportamento do cão. Mas o que exatamente é a energia? Energia é o que chamo de *estado de ser*, é quem e o que você é a cada momento. Cães usam energia constante para se comunicar. Não reconhecem uns aos outros pelo nome, mas pela energia.

Como humanos, nós também nos comunicamos com energia, quer percebamos isso ou não. Na superfície, nossa principal forma de comunicação é a linguagem; usamos as palavras para nos expressar. Mas os cães não têm palavras. Eles expressam o que está em sua mente pela posição dos olhos e das orelhas, pelo modo como mantêm o rabo ou a cabeça e como se movem. Essas são pistas importantes que, quando não compreendidas pelos humanos, podem levar a mal-entendidos ou, ainda pior, a problemas de comportamento. E, embora possamos tentar persuadir, explicar e racionalizar com palavras o dia todo, temos de reconhecer que estamos projetando sinais de energia, as mais fortes mensagens que enviamos a nossos cães.

Muitas pessoas têm dificuldade de compreender o conceito de "energia como comunicação". Descobri que essa lei é a mais difícil de ser entendida pelos seres humanos. Alguns anos atrás, fui convidado a me reunir com um grupo de estudiosos do comportamento canino em Londres, para explicar como a energia pode influenciar e até mesmo prever o comportamento do cão. Após uma hora de conversa, ainda havia confusão na sala. "O que você quer dizer com energia? Como faço para reconhecê-la?"

A mente do cão trabalha observando nossa postura corporal e obtendo informações do ambiente por meio dos sentidos, sobretudo do olfato, da visão e da audição. Os cães são capazes de fazer coisas incríveis com esses "superpoderes" — basta pensar nos cães-guias e nos de busca e resgate.

Enquanto me sentava naquela sala repleta de comportamentalistas instruídos e educados, perguntei-lhes: "Não é lógico que, se um cão pode detectar bombas, drogas ou encontrar pessoas perdidas, talvez também seja capaz de entender e sentir nosso humor, nossas emoções e energia?"

Na verdade, dois anos antes, eu tinha visitado um centro de pesquisa de câncer no norte da Califórnia, onde cães foram capazes de diagnosticar câncer de pulmão com uma taxa de precisão de 77%, apenas captando com o olfato a respiração do paciente. Certamente, se o olfato desse animal é tão aguçado, não poderia ele também, potencialmente, sentir nosso estado de espírito? Acredito que a maioria dos cães pode.

Quando penso nessas questões de energia, vem a minha mente uma das experiências mais importantes da minha vida, quando confiei nos instintos e na energia de meu cão Daddy para tomar uma decisão importante para a nossa matilha.

Quando Daddy, meu primeiro cão braço direito, estava chegando ao fim da vida, comecei a procurar um novo membro que ele fosse capaz de treinar e integrar à minha matilha. Daddy havia partilhado minha vida e meu trabalho desde os 4 meses de idade. Trabalhando comigo, ele se acostumou a estar com cães de todos os tamanhos. Essa exposição e sua natural energia equilibrada fizeram dele um candidato perfeito à reabilitação de outros animais, especialmente daqueles com problemas de agressividade. A calma e a energia submissa de Daddy eram contagiantes. Eu confiava cegamente nele. E isso foi vital para mim ao procurar outro cão que pudesse assumir seu legado.

Meu amigo era dono de uma pit bull que havia acabado de ter uma ninhada, e Daddy e eu fomos ver os filhotes. Prestei bastante atenção no modo como eles interagiam com a mãe e entre si.

Um filhote em particular chamou a minha atenção. Era a escolha óbvia da ninhada — forte, bonito e com belas manchas. Aproximei-o de Daddy, e para minha surpresa ele rosnou para o cachorrinho. Então, selecionei outro de que tinha gostado. Era todo branco e com a cabeça grande, mas Daddy o ignorou por completo.

Então, vi outro filhote. Era o mais próximo da mãe e tinha uma linda e sólida pelagem azul. Eu o peguei e o posicionei perto de Daddy. Ele se aproximou do filhote, e os dois se puseram nariz com nariz. Então Daddy abanou o rabo, virou-se e, para minha total surpresa, o filhote o seguiu até o carro e nunca mais olhou para a mãe. Esse filhote se tornou Junior. Daddy e Junior sabiam que tinham sido feitos um para o outro. Foi puro instinto e energia.

Nos meses e anos que se seguiram, Daddy treinou Junior. (A única coisa que fiz foi treinar Junior sobre onde fazer suas necessidades, tarefa da qual Daddy optou por não participar.)

No fim das contas, Daddy sabia o que era melhor para mim. Junior tem a energia perfeita para a matilha, e era ideal para a missão de me ajudar a reabilitar cães. Confiei em Daddy e em seus instintos para escolher seu sucessor. Se quer se relacionar com cães, você tem de viver no mundo deles. É um mundo instintivo, não intelectual ou espiritual. E o modo de entrar nesse mundo é confiando em seus próprios instintos.

A comunidade científica está começando a examinar os efeitos da energia sobre o comportamento. Claro que a maior parte do que sei sobre cães se baseia em uma vida de trabalho com eles. Então, é sempre gratificante para mim quando acadêmicos publicam um novo estudo científico sobre o comportamento canino que confirma, ou pelo menos apoia, as crenças e observações que desenvolvi ao longo da vida.

Daddy mostrou a Junior a importância de uma boa soneca.

Em fevereiro de 2012, a revista *Current Biology* publicou os resultados de uma pesquisa realizada no Centro de Desenvolvimento Cognitivo da Universidade Central Europeia, em Budapeste, Hungria, os quais indicam que os cães podem responder ao contato visual e a sinais não verbais dos humanos de forma semelhante a crianças de 2 anos de idade. No estudo, os cães foram capazes de ler sinais não verbais, especialmente quando os humanos usaram o contato visual. Nicholas Dodman, diretor da Clínica de Comportamento Animal da Escola Cummings de Medicina Veterinária da Universidade Tufts, em North Grafton, Massachusetts, resumiu parte da pesquisa dizendo: "Os cães estão à procura de uma expressão daquilo que a pessoa está pensando".

Esse estudo confirma aquilo em que sempre acreditei: os cães estão mais sintonizados do que imaginávamos com a nossa energia e os nossos comportamentos não verbais. Esses animais podem ler a energia melhor do que podem entender o tom e a inflexão de nossa voz. Eles entendem nossa linguagem corporal mais do que nossa linguagem humana.

Terceira lei natural canina:
Cães são primeiramente animais, depois a espécie, a raça e então seu nome.

Agora que temos um entendimento sobre energia, podemos começar a juntar todas as peças para formar um panorama completo do cão. Mas nem todas as peças são iguais; temos de colocá-las em sua devida ordem.

Os cães são primeiramente *animais*, depois a *espécie*, a *raça* e, finalmente, têm um *nome*. Os seres humanos muitas vezes cometem o erro de pensar nisso de trás para frente, começando pelo nome e não identificando o cão, em sua essência, como animal.

Como o comportamento é compreendido e explicado

PSICOLOGIA HUMANA	nome → raça → espécie → animal
PSICOLOGIA CANINA	animal → espécie → raça → nome

Na psicologia canina, um cão é em primeiro lugar um animal. Quando nos relacionamos com o nosso cão, especialmente quando tentamos corrigir um comportamento indesejado, é importante pensar nele primeiro como um animal (mamífero), depois como uma espécie (cachorro, ou *Canis lupus familiaris*), depois como uma raça única (pastor-alemão, husky, e assim por diante), com determinadas características ou habilidades, e, por último e menos importante, como seu nome (personalidade). Para ter um cão feliz e equilibrado, é preciso respeitar essas qualidades, nessa ordem.

Vamos pegar cada uma dessas palavras e examinar por que funcionam na ordem em que as situei.

Quando penso em *animal*, penso em natureza, selva e liberdade. Os animais vivem no presente, e a vida é simples. Vivem exclusivamente o momento e conhecem apenas necessidades imediatas. Animais são instintivos. Não são intelectuais ou espirituais. Suas necessidades básicas são abrigo, comida, água e acasalamento. Então, ao pensar em seu cão, pense nele como faz um cão. Em primeiro lugar, as necessidades básicas vêm antes de tudo. A satisfação delas é o fator motivacional mais forte na vida de um cão.

Em seguida, vem a *espécie*. Os cães descendem de lobos. Essa espécie se preocupa com a orientação, a comunicação e a experimentação do mundo da matilha por meio dos sentidos, e compreende posicionamento e liderança no grupo. Todos os cães precisam desempenhar um papel na matilha. Precisam de um trabalho. Eles podem ser protetores, caçadores ou buscadores. Quando você entende as necessidades instintivas deles como espécie, começa a entender a frustração dos cães ao andar apenas duas quadras em volta da vizinhança, duas vezes por semana. Sua frustração é inata, e eles desenvolvem problemas comportamentais para compensar isso.

Em terceiro lugar vem a *raça*. Depois que os seres humanos domesticaram os cães, começaram a reproduzi-los e a favorecer características e habilidades genéticas específicas. Raças são, mais que tudo, uma criação humana. Em meu conceito, raça representa as características que geneticamente modificamos ou aprimoramos de modo que certos cães executem certas tarefas melhor que outros. Por exemplo, o cão de santo humberto (bloodhound) é um excelente rastreador de odores; o galgo inglês é um corredor incrível; o border collie é muito inteligente; e o pastor-alemão é bom de guarda.

Hoje em dia, essas são quase todas tarefas desejadas pelo homem, como pastoreio, busca e perseguição. Essas características diferentes podem afetar a psicologia e a energia do cão. Dentro das raças, há níveis diferentes de energia — alta, média e baixa —, e de acordo com a sua energia cada cão realiza as tarefas específicas de raça com diferentes níveis de intensidade.

Existem diferenças claras na inteligência e nas características de várias raças, e há também muita variação individual entre os cães da mesma raça. Apesar de diversas vezes sermos rápidos em generalizar o comportamento das raças, é preciso lembrar que a raça por si só não explica bem como os cães se comportam ou quão passíveis de treinamento eles são. É por isso que fica em terceiro nesta lista.

Finalmente, seu cão tem um *nome*. Ele não sabe ou não precisa saber a diferença de você o chamar de Sam, Fiona ou Fido. Um nome é uma criação humana, e nós condicionamos nosso cão a aprendê-lo. Usamos nomes para projetar personalidade nos cães, mas o que é "personalidade" para um humano não existe em psicologia canina. Não existe nas categorias animal, espécie ou raça. Chamar seu pinscher de Rambo não vai torná-lo agressivo, assim como chamar uma yorkshire terrier de Baby não significa que ela será dócil e ficará deitada o dia todo como um bebê.

Reconhecer essas quatro categorias, nessa ordem, e entender suas influências no comportamento é fundamental para ter um cão feliz e equilibrado.

Quarta lei natural canina:
Os sentidos do cão formam sua realidade.

No capítulo 1, abordamos os pontos fundamentais de como o cérebro do cão e seus instintos inatos moldam sua visão única do mundo. Aprendemos que ele sente o mundo de forma muito diferente do ser humano, de modo que o mundo que experimenta é muito diferente do que nós experimentamos. Para entender sua mente, temos de entrar em um mundo instintivo diferente, formado por seus sentidos.

Os humanos experimentam o mundo principalmente pela visão; veem um mundo colorido, vibrante. Mas os cães o sentem sobretudo pelo cheiro, seguido pela visão em tons de cinza — como ver TV em preto e branco. Sendo as experiências sensoriais dos seres humanos e dos cães tão diferentes umas das outras, como ambos poderiam experimentar o mesmo mundo? O que nós *vemos*, experimentamos. O que o cachorro *cheira*, ele experimenta. Os seres humanos primeiro veem uns aos outros e começam a formar opiniões e gostos com base no que viram. Os cães cheiram um ser humano, geralmente a distâncias superiores a quarenta metros, e começam a desenvolver uma compreensão dessa pessoa com base no cheiro.

Hierarquia dos estímulos sensoriais para o cérebro

Hierarquia humana	Hierarquia canina
1. Visão	1. Cheiro
2. Toque	2. Visão
3. Som	3. Som
4. Cheiro	4. Toque

Essas diferenças fundamentais entre os sentidos do animal e os do ser humano ajudam a explicar um dos comportamentos mais irracionais que já observei em pessoas quando veem um cão pela primeira vez. Elas imediatamente correm até o animal desconhecido e se abaixam para acariciá-lo. E fazem isso porque o toque é seu segundo sentido mais forte. Mas garanto que, se pudessem falar, os cães diriam: "Humano, saia da minha frente; eu ainda não conheço você".

Certa vez, fui convidado a comentar a história de uma âncora de telejornal de Denver chamada Kyle Dyer, que foi ao ar no programa *Today*. Kyle, que adora cães, estava cobrindo a história dramática de um resgate feito por bombeiros de um mastiff argentino que caíra em um lago congelado. Durante a transmissão, Kyle ficou acariciando e afagando o cão. Quando a entrevista acabou, ela se inclinou mais para perto do focinho do animal para se despedir e, infelizmente, levou uma mordida enquanto ainda estava no ar. Após várias cirurgias para reparar os danos no lábio e nariz, Kyle voltou a seu trabalho com uma noção diferente de como interagir com um cachorro desconhecido. Ela admitiu no *Today* que provavelmente cometera um erro: "Talvez eu estivesse perto demais; talvez ele estivesse inseguro".

Esse erro se repete milhares de vezes por dia, porque os seres humanos gostam de tocar, mas tenho uma técnica simples e mais respeitosa para me apresentar a um cão. A abordagem "não toque, não fale, não faça contato visual" dá ao cão a chance de sentir o cheiro humano e conhecê-lo primeiro, antes de permitir que você entre no espaço dele.

Ao usar a abordagem "não toque, não fale, não faça contato visual", primeiramente se lembre de manter a energia calma e assertiva. Concentre-se nas pessoas ao seu redor e ignore o cachorro enquanto ele cheira seus pés e suas pernas. Mantenha as mãos longe dele e ignore-o. Não olhe e não fale com o animal. Deixe que ele o conheça primeiro. Quando tiver a informação que está procurando, ou ele vai se afastar, ou vai entrar em um estado calmo e submisso e se mover para encarar você.

Antes de voltar sua atenção para o cão, não se esqueça de pedir permissão ao dono para interagir com ele. Nesse momento, olhe para o animal e fale com ele. Se ele se aproximar, ofereça o punho fechado, com os dedos para cima, para uma fungada. Se ele não demonstrar sinais de ansiedade ou agressividade, então você pode acariciá-lo. É sempre uma boa ideia tocar um cão estranho primeiro coçando o peito ou a lateral do ombro do animal. Alguns cachorros podem entender um toque vindo de cima, na cabeça ou no pescoço, como agressão. Como vocês estão começando a se conhecer, o toque mais seguro é o mais inteligente.

A abordagem "não toque, não fale, não faça contato visual" pode ser usada em muitas situações. Por exemplo, é eficaz para lidar com seus próprios cães quando eles estão exaltados ou ansiosos. Se o seu animal começa a pular ou a girar excitado quando você volta para casa, essa abordagem vai ensinar ao cão que você não recompensará esse tipo de comportamento com a sua atenção. Se você for persistente e não cumprimentá-lo enquanto ele não atingir um estado calmo e submisso, poderá minimizar ou eliminar a saudação hiperativa ao seu regresso.

Também é importante ensinar suas visitas a seguir a abordagem "não toque, não fale, não faça contato visual". É muito comum as pessoas afirmarem que não se importam quando os animais de seus amigos pulam nelas, mas na sua casa você deve ser consistente com as regras. Seu cachorro não é autorizado a pular em você ou em seus familiares, então não se deve permitir que ele pule em outros seres humanos. Isso também pode lhe dar tranquilidade, evitando situações que poderiam se agravar porque alguém não sabe como se aproximar corretamente de um cachorro.

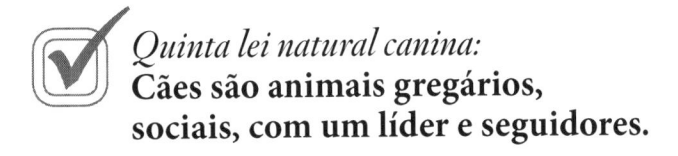

Quinta lei natural canina: Cães são animais gregários, sociais, com um líder e seguidores.

Entender como, ao longo de milhares de anos, os cães evoluíram para se tornar nossos companheiros para a vida toda é muito importante para compreender como eles se comportam. A Mãe Natureza selecionou o cão como a espécie a ser domesticada e a se tornar o melhor amigo do homem. E esses animais conseguiram isso descobrindo maneiras de ajudar os humanos. Ajudando-nos a caçar, a arrebanhar e a proteger e transformando-se em símbolo de riqueza, status e nobreza, os cães se tornaram o animal favorito do homem.

Evidências de fósseis e estudos genéticos sustentam a crença de que os cães modernos descendem de uma pequena subespécie de lobos que viveu no Oriente Médio há cerca de vinte mil anos. O cão doméstico tem 78 cromossomos, o mesmo número que o lobo. Os primeiros cachorros domesticados provavelmente eram de diferentes raças de lobo. Ao longo dos séculos, esses animais cruzaram com diversos tipos de lobos selvagens e cães selvagens híbridos, modificando seus genes e levando à grande variação genética dos cães de hoje.

O cão moderno não se parece em nada com seu ancestral lobo. Por meio da evolução, a criação humana fez com que os cães tivessem dentes pequenos e a mandíbula mais curta que seus ancestrais, resultando na diminuição da capacidade de capturar e matar a presa. Mas eles herdaram a evidente organização social das alcateias.

As alcateias de lobo funcionam como um grupo, com todos os indivíduos se empenhando em um mesmo objetivo. Para que o grupo funcione em seu melhor, a alcateia sempre permitiu o desenvolvimento de diferentes personalidades. Todos têm um papel a desempenhar: um lobo pode ser o melhor caçador, enquanto outro pode ser o melhor defensor ou o mais estratégico.

Essa mentalidade de matilha é evidente não apenas em lobos e cães. Os seres humanos também têm algumas das mesmas estruturas sociais evidenciadas nesse tipo de organização, inclusive a definição de função para vários membros da "matilha" e a solução cooperativa de problemas. Na sua casa, é importante que você

*Dois primos distantes: um lobo e um maltês
posam para um retrato "de família".*

desempenhe o papel de líder da matilha e projete calma e energia assertiva. Se esse papel não for assumido, será apenas questão de tempo até que seu cachorro ou qualquer outra coisa o assuma.

Numa tarde, eu estava dando uma aula de liderança de matilha para um grupo de quarenta estudantes do CPC, quando uma mulher com um jack russell terrier chamou minha atenção. O cachorro dela estava fora de controle e queria perseguir tudo que se movia na sala de aula. A pobre mulher estava tão concentrada em manter o cão sob controle que estava perdendo a aula. Eu a chamei, com seu animal, à frente da sala. Então, usei uma tartaruga que tínhamos no centro para ilustrar minha instrução sobre comportamento de matilha. O cão tentou atacar a tartaruga. O jack russell não cedia; repetidas vezes ele atacou o pobre e lento quelônio, que só queria se afastar o máximo possível daquele animal tenso e agressivo. Então, eu amarrei a coleira do cão na tartaruga, e ela começou a puxá-lo. Uma coisa surpreendente passou a acontecer: o cão começou a seguir o pequenino animal, cuja energia deliberadamente lenta parecia se transferir para o cachorro, que ficou mais calmo e, portanto, menos agitado. A lição para a classe foi a de que, na ausência de um forte líder de matilha, os cães vão eles mesmos se tornar o chefe ou permitirão que outros animais ou pessoas se tornem o líder deles.

Bandos têm papéis e uma ordem. Uma das causas mais comuns da instabilidade canina se dá quando um humano, inadvertidamente, altera a ordem natural da matilha. Uma pessoa pode ter um cão de baixa energia, despreocupado, fácil de conduzir, que se satisfaz em estar no fundo do bando, e tentar transformá-lo em um líder de matilha ou em um cão de guarda, ou ainda lhe conferir outro papel para o qual ele é inadequado. Quantas vezes você já ouviu a queixa: "Um estranho pode passar por cima do meu cão sem que ele perceba ou lata"? O que essas pessoas não reconhecem é que o papel de protetor não é para aquele animal, e então, injustamente, lutam contra o instinto e a ordem natural. O importante é conhecer seu cão e saber a posição dele na matilha.

Todas essas leis naturais caninas formam o alicerce de sua vida com um cão feliz. Tenha consciência dos instintos e da energia. Entenda o lugar único de seu animal no mundo. Respeite os sentidos dele. E respeite a necessidade dele de pertencer a um bando. Ao reconhecer e aceitar essas cinco leis simples, você vai se pôr na disposição mental correta para ver seu cão como a criatura incrível que ele é. Agora que se tornou capaz de reconhecer isso, é hora de encontrar o equilíbrio.

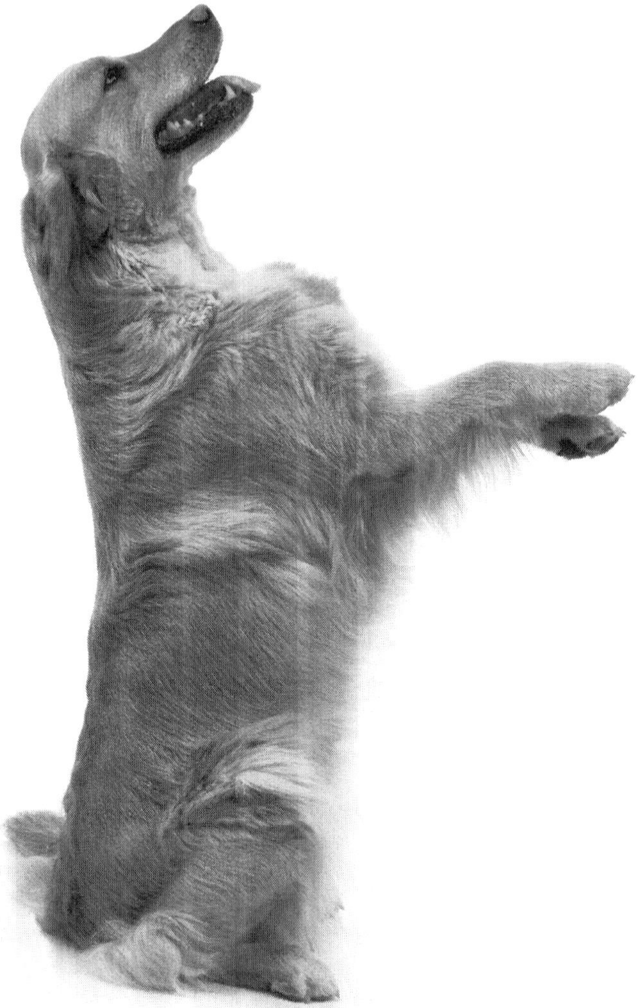

3
NOVE PRINCÍPIOS SIMPLES PARA UM CÃO EQUILIBRADO

UMA VIDA MAIS FELIZ COM SEU CÃO SE TORNA FÁCIL DE ALCANÇAR quando você o vê como um cachorro e respeita seu peculiar ponto de vista canino. Agora você é realmente capaz de apreciar as diferenças no modo como os seres humanos e os cães percebem o mundo e interagem com ele. E, munido de conhecimento, pode seguir rumo à posição adequada de líder da matilha.

Quando juntei meu entendimento sobre o cérebro do cão com a aceitação de suas leis naturais, um poderoso conjunto de princípios fundamentais surgiu. Essas lições são minha arma secreta na criação de equilíbrio para qualquer líder de matilha — desde aqueles que têm cachorro há muitos anos até aqueles que acabaram de começar a criá-lo. Independentemente de sua experiência, os seres humanos devem perceber que um cão equilibrado vive como viveria na natureza — ciente de seu lugar na matilha, sabendo o que se espera dele e demonstrando energia calma e submissa. Ele segue o líder e não se comporta mal. Para chegar lá, os seres humanos devem observar e praticar os nove princípios fundamentais que apresento a seguir. Tais ferramentas instintivas estão no cerne da conquista de uma vida equilibrada para você, sua família e seu cão.

Quando atingir o objetivo de levar seu cão ao equilíbrio, você vai experimentar uma relação totalmente diferente com ele. Vocês serão capazes de se comunicar instintivamente e entender as necessidades um do outro. Você e seu cão estarão em sintonia de forma muito mais profunda e gratificante, e você vai aprender os benefícios da calma e da energia assertiva em todos os aspectos de sua vida.

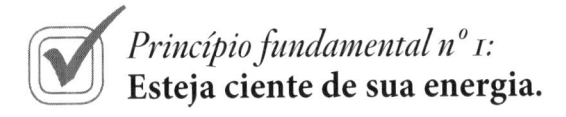

✅ *Princípio fundamental nº 1:* **Esteja ciente de sua energia.**

No capítulo 2, aprendemos que energia é tudo. É a maneira pela qual os seres humanos e os animais se apresentam ao mundo, e isso se manifesta por meio da linguagem corporal, da expressão facial e do contato visual (ou falta disso). Para os humanos, trata-se de uma forma de comunicação secundária, e vem depois da linguagem. Mas, para os cães, é a forma primária de comunicação. Um cão pode expressar seu domínio sobre o outro simplesmente se movendo com calma, com energia assertiva, reivindicando seu espaço. Os cães não dizem "com licença", "por favor" ou "obrigado" em palavras. Se mantêm uma energia calma e assertiva, isso não é necessário.

De qualquer forma, os humanos têm as palavras, e contamos com elas para nos comunicar em conversas ou por escrito. Por causa de nossa capacidade intelectual para o discurso, é muito fácil perdermos o contato com a nossa energia e não termos ideia do que estamos projetando para o mundo. No entanto, apesar de nossa dependência da linguagem, captamos a energia um do outro, cientes ou não disso, o que afeta a nossa mensagem. Você já ouviu alguém ministrar uma palestra de modo insosso, monótono, sem entusiasmo? Não importa quão estimulantes e bem escritas sejam as palavras, esse tipo de palestrante leva rapidamente sua plateia ao tédio mortal. Em contrapartida, alguém com energia confiante e entusiasta pode facilmente persuadir um grupo de pessoas a seguir a ideia mais estúpida já concebida. Por quê? Pois, mais uma vez, sua energia exerce influência sobre os ouvintes, estejam eles cientes ou não disso.

Muitas vezes, quando estou trabalhando com clientes, eles não têm ideia de que estão projetando energia nervosa ou fraca até que lhes indico isso. Não estão em sintonia com sua própria energia, e por isso não têm ideia do motivo que leva seu cachorro a reagir a eles de certa maneira. Mas, pelo fato de esses animais se comunicarem sobretudo com energia, eles conseguem ler um ser humano em um segundo. Tenho certeza de que você já reparou que algumas pessoas atraem naturalmente os cães, enquanto outras os põem para correr imediatamente. Cachorros sempre serão atraídos por energia calma e assertiva. Da mesma forma, sempre tentarão evitar a energia fraca, nervosa ou desequilibrada.

Para ser bem-sucedido como líder da matilha — e como pessoa em geral —, você precisa estar ciente de sua energia e aprender a ajustá-la quando não estiver no modo calmo e assertivo. Pare por um instante e preste atenção em como está se sentindo emocionalmente. Então, observe seu corpo. Normalmente, sua linguagem corporal refletirá seu estado emocional, esteja você ciente ou não disso. Se estiver nervoso ou chateado neste momento, seu corpo provavelmente estará tenso. Se estiver inseguro, então é bem provável que esteja arqueado ou curvado.

A linguagem corporal pode influenciar seu estado emocional, e, ao tomar consciência de sua postura, você pode obter um grande progresso no desenvolvimento da energia calma e assertiva. Mantenha-se ereto, de cabeça erguida, ombros para trás e peito para frente. Mantenha os pés firmes no chão. Tente evitar cruzar os braços ou colocar as mãos nos bolsos. Inspire profundamente e expire lentamente. Mantenha-se assim por alguns minutos, concentrando-se em sua respiração enquanto tenta limpar sua mente de pensamentos aleatórios. Se for seguro fazer isso, feche os olhos e se concentre no cheiro que você pode sentir e no que pode ouvir. Você vai se acalmar naturalmente. Lembre-se do sentimento e da linguagem corporal, e então pratique a mudança deliberada para esse estado.

Na natureza, quando o cão de uma matilha se mostra excitado ou desequilibrado, o grupo todo entende isso como sinal de perigo iminente. É incrível a rapidez com que um bando de cães adormecidos desperta e fica em alerta máximo quando um deles late, e também a rapidez com que se acalmam quando o líder determina que não há ameaça e eles voltam ao estado calmo e assertivo. Ao lidar com seu cão, você pode então ver a importância de não entrar em um estado de energia instável. Fazer isso é enviar a mensagem de que algo está errado. É provável que você não esteja ciente das mensagens que envia a seu animal, por isso é tão importante tomar consciência de sua própria energia e, a seguir, controlá-la. Enquanto não puder controlar a si mesmo, você não poderá controlar seu cachorro.

Princípio fundamental nº 2: Viva o momento.

Os seres humanos provavelmente são os únicos animais capazes de sonhar acordados e fantasiar, e fazemos isso constantemente. Enquanto você lê este livro, pode ter se lembrado do que comeu no café da manhã, ou que precisa comprar lâmpadas da próxima vez em que sair de casa. Se não fez isso recentemente, é provável que tenha acabado de fazer, e, se não tiver cuidado, terá de reler este parágrafo porque se perdeu nos próprios pensamentos. Vou esperar você voltar e me alcançar.

Não tenho certeza se há alguma vantagem evolutiva na tendência humana de viver no passado, no presente e no futuro simultaneamente, mas sei que fazemos isso por causa das nossas habilidades de linguagem altamente desenvolvidas. Podemos reviver nossos melhores momentos, ou sonhar com as férias ideais, ou ensaiar o discurso que faremos a nosso chefe na expectativa de um aumento de salário.

Não quero dizer que os animais não têm conexão com o passado ou com o futuro. Um cachorro que comeu cebola uma vez e passou muito mal pode fugir só de sentir o cheiro dela. O esquilo junta nozes em seu ninho ciente de que vai comê-las mais tarde, mas ele não pensa conscientemente: *Este será o jantar da próxima terça-feira.*

Em ambos os casos, o passado e o futuro são pequenas influências sobre o que está acontecendo agora. Depois da experiência ruim com a cebola, o cão não segue os passos mentais: *Cheiro de cebola. Ah, eu lembro quando comi cebola e passei muito mal. É melhor dar o fora agora.* O processo de pensamento é instintivo e imediato. A experiência da cebola deixou tamanha impressão, que o estímulo induz à fuga sem nenhum processo lógico por trás. Da mesma forma, o cão não perde tempo pensando: *Espero não me deparar com cebola hoje.* Ele não tem qualquer pensamento sobre cebola até que ela se torne novamente uma realidade presente no aqui e agora.

Como seres humanos, esquecemos que os cães vivem no presente, e isso pode ser um impedimento para a reabilitação e o treinamento. Os cães que perderam um membro, a audição ou a visão não lamentam as habilidades que não existem mais. Lidam com aquelas que ainda têm e não perdem tempo sentindo pena de si mesmos. Com a nossa obsessão com o passado, somos nós que revivemos antigos traumas do animal e então o sobrecarregamos com simpatia e afeto que, na mente dele, não são merecidos.

Os cachorros não guardam rancor nem ficam remoendo o passado. Mesmo no caso de dois cães que não se dão bem e brigam quando se encontram, não é algum incidente recordado que dá início a outra briga. De certa forma, a visão do outro cão aciona a lembrança instintiva, mas mesmo assim os cães podem não brigar enquanto um deles não interpretar que o outro está fazendo algo agressivo. Logo que a briga acaba, eles não guardam ressentimentos nem planejam matar um ao outro enquanto dormem. Compare isso com o rancor humano: um insulto (real ou imaginário) pode levar a anos de inimizade e sentimentos ruins.

Esse modo natural de viver o momento é o que torna possível a reabilitação canina. Porque não se apegam ao passado nem se preocupam com o futuro, os cães têm a mente aberta e constantemente aprendem no presente. Não se ressentem ao ser corrigidos ou disciplinados, porque, quando acabou, acabou. Eles associam as coisas com o momento em que aconteceram e viram a página.

Essa é uma das lições mais poderosas que podemos aprender com os cães. Ser obcecado pelo passado ou pelo futuro pode levar a muitas emoções negativas: ressentimento, tristeza, ansiedade, medo ou inveja. Desapegar-se do que passou e do que não se pode controlar é o caminho para a realização no aqui e agora. Também é mais um jeito de ser que vai ajudá-lo a ter uma relação equilibrada com seu cão.

Princípio fundamental n° 3:
Cães não mentem.

Durante as filmagens de *O Encantador de Cães*, trabalhei com muitas famílias na reabilitação de mais de quatrocentos animais. Antes de conhecer essas pessoas, eu pedia à minha equipe de produção que não me dissesse qual era o problema ou a situação. Ter a mente limpa ao me encontrar com o cão e conversar com a família pela primeira vez era essencial para descobrir a raiz do problema. Em quase todos os casos, as pessoas normalmente me contavam a *história* do que estava acontecendo, mas os cães me diziam a *verdade*. A energia de um cão é simplesmente honesta. Apenas observando o cachorro, posso ter uma boa noção da situação real.

Nós, seres humanos, temos grande capacidade de contar histórias, e assim as contamos a nós mesmos. Por favor, não me entenda mal. Não acredito que nenhuma dessas pessoas estava sendo deliberadamente desonesta sobre seus sentimentos ou suas emoções, ou sobre o que percebiam ser o problema. Não agiam desse modo com má intenção, mas para se proteger. Quando os seres humanos não aceitam a verdade sobre o que está acontecendo dentro deles, torna-se complicado ajudar seus cães. Os casos mais difíceis são aqueles em que o ser humano está em negação e atribui uma explicação complexa ao mau comportamento de seu animal. Os únicos casos que não fui capaz de solucionar foram aqueles em que os humanos nunca superaram sua negação.

Eu estava explicando a diferença entre "verdade" e "história" a um grupo de estudantes que faziam meu curso básico Training Cesar's Way, no Centro de Psicologia Canina. Para ilustrar, decidi usar uma situação real. Havia uma mulher na turma a quem chamaremos de Ann. Ela tinha um cão terapeuta chamado Monarch, um dos cachorros mais amáveis e sensíveis que já conheci. Essas eram as qualidades que o tornavam perfeito para o trabalho.

Ann disse: "Monarch e eu temos um problema de comunicação. Ele nem sempre faz o que eu digo e fica muito tímido quando eu lhe dou uma instrução". Essa era a história humana de Ann sobre o que estava acontecendo. Mas sua linguagem corporal e sua energia diziam algo diferente.

Era óbvio para os outros alunos que Ann estava excessivamente preocupada com o modo como Monarch reagia a ela. Seus olhos acompanhavam o animal em cada reação. Ela não se movia deliberadamente e com confiança. Segurava a coleira com pouca folga, então Monarch tinha de ficar bem próximo, ao seu lado. Era a forma como ela compensava a indiferença do cão aos comandos dela.

A verdade por trás da situação era que Ann não confiava em Monarch, e ele sabia disso. Agora, pense por um instante: você seguiria uma pessoa, ou um líder, sabendo que ela não confia em você? Ann era muito tímida, muito medrosa, e projetava essa energia em seu animal. Por ser um cão terapeuta de formação, Monarch era mais sensível aos seres humanos e especialmente sensível ao comportamento de Ann.

Quando peguei sua coleira, segurei-a muito levemente com dois dedos. Com calma e confiança, andei com Monarch dando-lhe comandos não verbais, com os movimentos do corpo. Ele seguiu sem hesitação. Então, eu tirei a coleira dele e Monarch de repente ganhou vida. O que antes era um tímido e hesitante cão terapeuta agora se tornara uma criatura feliz, mas calma e submissa. Ele realizou todos os comandos com prazer. A classe aplaudiu, e Monarch se sentou sobre as patas traseiras para, em seguida, rolar de costas — sinal derradeiro de submissão e confiança. Ann precisava ir além de sua história e trabalhar com a verdade. Só então seria realmente capaz de ajudar seu animal de estimação.

Você pode tentar dissecar a diferença entre história e verdade com um amigo ou com seu cônjuge. Anote o que acha que é a causa de uma situação desagradável dentro de casa. A seguir, discuta honestamente as razões do problema. Anote-as para que todos possam vê-las e examiná-las. Descasque as causas, como uma cebola, até chegar à verdade nua e crua sobre o que está realmente acontecendo e o que de fato está desencadeando o problema. Embora esse exercício possa ser intimidador, o resultado será liberdade e alívio. Em muitos dos casos de *O Encantador de Cães* em que as pessoas superaram sua negação, as histórias terminaram com lágrimas humanas, suspiros de alívio e um cão reabilitado.

Princípio fundamental nº 4:
Trabalhe com a Mãe Natureza, não contra ela.

Já discuti isso antes, no capítulo 2, mas sempre vale a pena repetir. Precisamos considerar o cão nesta ordem: animal, espécie, raça e nome. Os dois primeiros pontos são parte do que o cão naturalmente é, ao passo que os seres humanos criaram os dois últimos. Os animais vivem a natureza todos os dias. Para ter sucesso e sobreviver, todos os animais — de ratos a águias — precisam seguir suas leis. Nós, seres humanos, nos esquecemos das leis da natureza porque nos protegemos das consequências de as termos negligenciado, mas isso não significa que estamos isentos.

Se você mora em um país moderno, de primeiro mundo, pode ser muito fácil perder contato com a natureza. Sua casa o protege dos elementos. Provavelmente, você se desloca de casa para o trabalho de carro ou de transporte público. Sua próxima refeição está tão distante quanto a geladeira, o supermercado ou o restaurante do outro lado da rua. É bem provável que as únicas vezes em que nota a natureza sejam quando o clima está ruim ou quando você está recolhendo os dejetos de seu cão na caminhada.

Nada disso é natural para um cachorro, e ainda assim nós transplantamos esses animais selvagens de matilha para a nossa casa. Na natureza, a vida deles é muito simples. Como sua realidade consiste sobretudo em seus sentidos, eles vivem um momento por vez, e tudo está focado no que necessitam para sobreviver: abrigo, comida, água e, na época certa, acasalamento. Percorrem seu território com a matilha para suprir essas necessidades. Cães não se preocupam com o futuro nem vivem no passado. Eles existem no momento, o que pode ser muito difícil de entender para um ser humano, especialmente com as tensões da vida moderna. Lembre-se: nós formamos nossa realidade por meio de crenças, conhecimento e memória.

Se você quer mesmo aprender a viver no presente, tente ser um sem-teto por alguns meses. Eu passei por isso quando cheguei aos Estados Unidos, e é interessante como rapidamente deixamos de viver no passado ou de sonhar com o futuro quando nossas maiores preocupações se resumem a de onde virá a próxima refeição e onde vamos passar a noite. Quando descrevo a situação dessa maneira, parece que todos os cães gostariam de viver em uma casa com fornecimento constante de comida, mas eles não podem racionalizar seus instintos como os seres humanos. Podemos tirar o cão da natureza, mas não a natureza do cão.

Como espécie, os cachorros são um tipo específico de animal que lida com a natureza de forma particular, tendo herdado a índole gregária dos lobos. Em termos de espécie, são diferentes de veados, tigres, lhamas e seres humanos. Suas necessidades giram em torno das necessidades da matilha, e a matilha só seguirá um líder calmo e equilibrado. Qualquer membro do bando que se torne instável é rapidamente abordado e corrigido, se possível; caso contrário, é morto ou banido.

Por isso a liderança estável é tão importante para o cão, assim como as necessidades físicas sendo atendidas. A necessidade de liderança está programada nos genes desse animal e existe em um nível instintivo primal. Quando espécies ou animais são tirados da natureza para ser domesticados, é crucial que suas necessidades, físicas e psicológicas, sejam atendidas. Se você não alimentar um cachorro, ele vai morrer de fome. Se não atender às suas necessidades de liderança e direção, ele vai experimentar o equivalente canino da neurose humana, possivelmente até a insanidade.

Os cães precisam manter sua ligação com a natureza, e podemos ajudá-los com isso tendo em mente as leis naturais caninas do capítulo 2. A parte maravilhosa disso, no entanto, é que também podemos nos conectar, por meio de nossos animais, com a nossa própria parte instintiva, com a qual perdemos contato. Encontre um lugar longe do mundo moderno, mesmo que seja apenas um grande parque da cidade, então faça um passeio com sua matilha e experimente o mundo como seu cão o faz, configurando a realidade por meio de seus sentidos. Reconectar-se com a Mãe Natureza vai trazer equilíbrio ao bando, pois você e seu cão vão aprender um com o outro.

Princípio fundamental nº 5: Respeite os instintos de seu cão.

Já escrevi sobre cães como animais e cães como espécie, os dois aspectos naturais do ser canino. Mas a raça, um dos dois aspectos humanamente criados, desempenha um poderoso papel na definição dos instintos de seu animal. As raças surgiram por meio do acasalamento seletivo, e sua diversidade é surpreendente: desde pequenos cães tipo toy, como yorkies e chihuahuas, até as raças gigantes, como dogues alemães e são-bernardos. Às vezes, é difícil acreditar que animais tão diferentes são da mesma espécie. As raças foram criadas por diferentes razões — algumas para companhia, algumas para pastoreio e outras para proteção. Mas cada uma delas foi desenvolvida para extrair e focar instintos desejados, a fim de criar cães que se destacassem em tarefas específicas.

Agora, embora os aspectos de animal e espécie sejam comuns a todos os cães, a raça às vezes pode afetar o comportamento, e também é preciso levá-la em conta quando se trabalha com um cão, seja para treinamento, para lhe dar uma tarefa apropriada ou para reabilitação. No entanto, tenha em mente que a raça é "apenas a roupa". Quanto mais pura for a raça de um cão, mais fortemente ele vai mostrar características e instintos que lhe são próprios. Mas, atendendo às suas necessidades como animal e espécie por meio das caminhadas e da minha fórmula de satisfação, você conseguirá minimizar maus comportamentos relacionados à raça.

Isso não significa que você precisa ignorar a raça por completo. Na verdade, pode ser uma experiência agradável para cães e seres humanos envolver-se em atividades próprias de cada raça. Em casos de mau comportamento causado pelos instintos da raça, isso é essencial.

Sete grupos básicos de cães — esportistas, hounds, trabalhadores, pastores, terriers, toys e não esportistas — foram criados ao longo dos séculos para diversas funções. Você pode atender a cada necessidade específica de formas ligeiramente diferentes.

Os cães do grupo esportista foram criados para ajudar com a caça, apontando a presa, levantando-a do esconderijo ou ainda recolhendo a caça, especialmente aves aquáticas. Boas atividades para esse grupo incluem jogos que simulam encontrar ou recolher presas. Para pointers, você pode lhes apresentar um objeto com cheiro familiar e depois escondê-lo. Recompense-os quando o "apontarem", mas não deixe que recolham o objeto, porque isso pode estimular o impulso de caça. Para spaniels, deixe-os localizar o objeto. Para retrievers, permita que o levem até você.

Os cães do grupo hound também foram criados para a caça, só que, ao contrário daqueles do grupo esportivo, eles de fato perseguem e caçam, e suas presas geralmente são mamíferos em vez de pássaros. Os hounds se dividem em dois grupos: os que caçam utilizando o faro e os que o fazem orientados pela visão. Você pode atender às necessidades dos primeiros com o jogo "fugitivo". Trata-se de apresentar ao animal itens de vestuário com cheiros familiares do grupo humano, e depois escondê-los ao longo de uma rota regular de caminhada. Recompense seu cão a cada item encontrado.

Hounds orientados pela visão, acostumados a caçar de uma distância maior, são corredores naturais e, por isso, candidatos ideais para puxar você sobre patins ou correr ao seu lado de bicicleta. Tenha em mente, porém, que cães orientados pela visão são velo-

*Jogos que envolvem apontar a presa vão apelar
para os instintos naturais deste cão esportista.*

cistas, não corredores de longa distância, então se acostume a um trajeto curto e rápido seguido de uma caminhada a passo mais regular.

Os cães do grupo dos trabalhadores foram criados quando os humanos passaram do estilo de vida de caça e coleta para viver em aldeias, e seu nome é uma boa descrição de seu propósito. Por seu tamanho e sua força, esses animais foram utilizados para guardar, arrastar e resgatar. Naturalmente, eles são excelentes para arrastar, e deixá-los rebocar um carrinho na caminhada é um uso ideal desse instinto. Lembre-se de que cães trabalhadores não veem o ato de puxar como tarefa. Trata-se de um desafio físico e psicológico que faz com que se sintam úteis e valorizados.

Os animais do grupo dos pastores, com seu instinto de controlar os movimentos de outros animais, naturalmente são excelentes para pastoreio. No entanto, se você não tem um rebanho de ovelhas ou gado à mão, não se preocupe. Essas raças também são excelentes no *agility* e, curiosamente, são campeãs mundiais de *frisbee*.

Os cachorros do grupo dos terriers foram criados para perseguir pequenas presas, muitas vezes seguindo roedores até sua toca para matá-los. Apesar de menores, foram concebidos a partir de cães trabalhadores e de pastoreio, de modo que muitas das atividades que satisfazem as raças desses dois grupos também vão funcionar para os terriers, particularmente para aqueles com alta energia.

O grupo dos toys pode ter sido originalmente criado para caçar animais muito pequenos, mas as evidências mostram que eles rapidamente se tornaram apenas animais de companhia. A imagem de uma mulher rica com um teacup terrier miniatura na bolsa não é novidade, e esse grupo surgiu em decorrência da tendência humana de se apaixonar por animais fofinhos e que parecem filhotes. Com sua carinha pequenina e grandes olhos, cães do tipo toy se encaixam perfeitamente nessa descrição. Embora os membros desse grupo tenham sido criados a partir de vários outros, não foram projetados para tarefas específicas. Por isso é ainda mais importante tratá-los como animais e cães em primeiro lugar. Esse grupo, mais do que qualquer outro, abriga os cães que devem ser autorizados a ser cães. Você não está fazendo nenhum favor ao toy carregando-o para todos os lugares ou deixando-o andar sem coleira. Tire seu cachorro da bolsa e coloque uma coleira nele, para que ele possa ser um cão e caminhar sobre as próprias patas.

Por fim, o grupo dos não esportistas também poderia se chamar "nenhuma das opções anteriores". Inclui poodle, buldogue, boston terrier, bichon frisé, buldogue francês, lhasa apso, shar-pei, chow-chow, shiba inu e dálmata. Dependendo da raça, você pode encontrar uma atividade adequada entre os grupos anteriores.

Apesar de as raças serem diversas e terem sido criadas para realizar várias tarefas, lembre-se de que todos os cachorros precisam de algum tipo de exercício, de preferência a caminhada. As sugestões aqui oferecidas servem para possibilitar novas oportunidades de ligação com seu cão, bem como para a reabilitação, se você estiver tendo problemas, particularmente aqueles influenciados pelos instintos naturais de seu animal.

Princípio fundamental nº 6: Nariz, olhos, orelhas, nessa ordem.

Como vimos, os cães são instintivos, e sua realidade é formada por seus sentidos. O sentido mais forte do cachorro é o olfato, seguido da visão e depois da audição, e é nessa ordem que eles se desenvolvem no filhote. Os cães aprendem mais sobre o mundo por meio do nariz. Nós aprendemos que os seres humanos se aproximam do mundo em primeiro lugar pela visão e, por último, pelo olfato, o que torna muito fácil nos esquecermos desse princípio canino. No entanto, essa é uma das coisas mais importantes a lembrar em todos os seus relacionamentos com cães, sejam eles parte de sua matilha ou não.

Humanos e cães têm compartilhado espaço por tanto tempo — dez mil ou possivelmente vinte mil anos — que nos é quase instintivo cumprimentar novos cães do mesmo jeito que fazemos com pessoas. Tenho certeza de que a maioria já fez isso. Você visita a casa de um amigo e encontra seu novo animal pela primeira vez, então o cumprimenta com um amplo "Olá" e um tapinha na cabeça já da porta. Talvez até se abaixe para deixá-lo lamber seu rosto. Afinal, seria rude simplesmente ignorar o animal, não é mesmo?

Na verdade, não seria. Se ignorar um novo cão da primeira vez que o encontrar, você não estará sendo rude. Ao contrário, estará sendo atencioso com as necessidades dele. Afinal de contas, você é uma nova pessoa, o que pode ser intimidador para o animal. Quando você entra pela primeira vez no território canino, o animal não sabe se você é um amigo ou um inimigo. Um cachorro bem equilibrado vai olhar para o líder da matilha em busca de pistas e agir de acordo com elas. Ao mesmo tempo, vai tentar entender você por meio dos sentidos dele: nariz, olhos, ouvidos, nessa ordem.

A primeira coisa que provavelmente o animal vai fazer será cheirar os pés do novo ser humano que encontrar. Ao fazer isso, ele está aprendendo seu cheiro e sentindo sua energia. Enquanto ele olha para você, praticar o "não toque, não fale, não faça contato visual" permitirá que o encontro transcorra bem. Essa prática respeita o modo como o cão percebe o mundo, bem como seu espaço, e lhe dá tempo de explorar você primeiro (veja capítulo 2, página 47).

É muito importante recordar e usar esse princípio fundamental, uma vez que afeta quase todas as interações que você vai ter com seu cão — desde o primeiro encontro até as idas e vindas diárias em sua casa. Tire um momento para observar seu cachorro na caminhada, veja a que estímulos ele responde. Como um cheiro interessante afeta seu corpo e sua energia? Que tipos de imagens e sons o atraem? Você vai aprender muito sobre seu animal apenas com essa observação cuidadosa, e, quanto mais souber sobre ele e sobre como ele vê o mundo, melhor líder de matilha será.

Princípio fundamental nº 7:
Aceite a posição natural de seu cão na matilha.

Na natureza, há três posições na matilha — à frente, no meio e atrás —, e cada cachorro vai se mover para sua posição natural. Os cães mais fracos vão acabar na parte de trás, e os mais dominantes, no meio. Os líderes estarão sempre na frente.

Cada posição tem sua própria função dentro da matilha. Os cães das três posições trabalham juntos para encontrar comida e água e garantir a sobrevivência do bando, defendendo-o do perigo. Os cães da frente (incluindo o líder) fornecem orientação e proteção para os demais. Eles determinam aonde todos irão e afastam qualquer perigo à frente. Os animais que ficam no fundos são sobretudo preocupados em alertar para o perigo que se aproxima por trás, e a função deles é avisar o restante do bando. Os cães do meio são mediadores, responsáveis pela comunicação entre as partes de trás e da frente.

Todas as funções são importantes. Sem os cães da frente, os de trás não sabem para onde estão indo. Sem os do fundo, os da frente não estão cientes de todos os problemas que vêm de trás. E, sem os do meio para transmitir mensagens, os cães da frente e os do fundo da matilha ficam isolados uns dos outros.

O líder do bando canino é capaz de sentir o cheiro de água doce e de presas disponíveis do lado oposto de uma floresta escura e assustadora e avançar em direção a esses elementos. Enquanto isso, os cães da parte traseira só sabem que estão adentrando uma flo-

O líder da matilha deve estar à frente, com os cães a seu lado ou atrás.

resta escura e assustadora. A reação normal desses animais seria alertar para o perigo e começar a latir. Os cães do centro sentem a energia calma dos animais da frente e, por sua vez, acalmam os assustados da parte de trás com sua própria energia calma. No entanto, se a matilha estiver sendo perseguida pela retaguarda por uma grande ameaça, os cães naquela posição permanecerão agitados e continuarão a alertar para o perigo. Os cães do meio, por sua vez, vão captar essa energia e transmiti-la para a frente. O líder da matilha, então, vai dar meia-volta com o bando no intuito de prover proteção contra essa nova ameaça.

Comunicando-se por meio de energia e com uma hierarquia estabelecida, o bando funciona como unidade. Cada cão sabe seu lugar nessa hierarquia, e eles não ficam pulando de lá para cá. Um animal que naturalmente se posiciona na parte traseira da matilha não vai tentar passar para o meio ou para a frente, e um cão da frente não vai desistir de sua posição sem ser forçado a isso por outro, o que geralmente não acontece, a menos que o líder se torne instável.

Como amantes de cães responsáveis, cabe a nós saber onde normalmente nosso animal se posiciona na matilha. Ao observar a energia e a linguagem corporal de seu cão, você pode ver onde ele provavelmente se encaixa. E também cabe a nós respeitar sua posição no bando e não tentar mudá-la — porque não podemos. Isso seria violar a lei natural do cão: eles são animais sociais, gregários, com um líder e seguidores. Se você tentar colocar um cachorro da parte de trás ou do meio em posição de liderança (ou forçá-lo a liderar porque ninguém mais está fazendo isso), ele vai ficar desequilibrado.

A grande maioria dos cães não nasce para ser líder de matilha, e, se criados corretamente por seres humanos, esses animais nunca tentarão assumir tal posição de liderança. Quando você não entende nem respeita a posição de seu cão no bando — seja por tentar mudá-la ativamente ou por forçar o animal a mudar, ao não exercer liderança —, trabalha contra a Mãe Natureza, e o resultado não é agradável para você nem para seu cão.

Princípio fundamental nº 8:
Você cria o estado de calma e submissão.

O principal ponto das sete regras anteriores é conduzir seu cão a uma posição de energia calma e submissa. Vou mostrar como fazer isso de maneira mais aprofundada no próximo capítulo. De qualquer forma, tudo começa com você, e, se há algo mais importante nesse processo, é a sua energia, estado de espírito e abordagem. Você é a fonte do estado calmo e submisso de seu cachorro, e ele olha para você em busca de orientação. Se sua energia for ansiosa, nervosa, excitada, irritada, frustrada ou alguma outra negativa, seu animal vai refletir essa vibração. Se você for inconsistente na aplicação das regras, ele vai começar a testá-lo para ver até onde pode ir. Mas, se sua energia for calma e assertiva e você for consistente no treinamento e na aplicação das regras, vai ganhar a confiança de seu cão, que o seguirá e olhará para você em busca de orientação.

Se você estiver tendo problemas para atingir o estado de energia calma e assertiva, pode considerar útil criar mentalmente um objetivo e, a seguir, imaginá-lo acontecendo. Por exemplo, se seu cão puxa na caminhada, visualize-se andando com ele a seu lado, ou logo atrás de você, e pense no que sente. Qual é seu estado de espírito sem ter de constantemente puxar seu cão de volta? Quão mais agradável para ambos é passear desse jeito?

Você também pode se conectar com seu cão e ajudar vocês dois a alcançar um estado de calma meditando juntos. Para isso, sente-se ou deite-se com seu animal; a seguir, coloque uma mão no peito e outra nas costas dele, perto de seus quartos traseiros. Preste

Aceite ser o líder da matilha e seu cão vai segui-lo.

atenção na respiração dele e, a seguir, comece a imitá-lo. Respirem juntos pelo tempo que for confortável para você. Depois de alguns dias, seu cão vai começar a imitar sua respiração, e vocês dois vão encontrar uma conexão nesses momentos. Meditação, em geral, também é calmante para ambos.

Acima de tudo, não se deixe intimidar. Pode parecer muita informação para absorver, mas comece de forma simples e reflita sobre cada momento bem-sucedido. Quanto mais vezes obtiver sucesso, mais confiante você se sentirá para continuar e menos desanimado ficará com algum revés. Lembre-se: você não é o único que quer alcançar um estado calmo e assertivo e encontrar o equilíbrio com seu cão. Ele também quer que você tenha sucesso.

Princípio fundamental nº 9:
Você precisa ser o líder da matilha.

Tudo nos leva de volta a estas palavras: "Seja o líder da matilha". A maioria dos problemas que vejo as pessoas enfrentarem com seus cães é resultante da falta de uma forte liderança dos humanos envolvidos. Como vimos, os cachorros são animais sociais gregários, com um líder e seguidores. No estado selvagem, a maioria é seguidora, mas, se não tiver um líder, o animal vai tentar assumir o controle da situação. Em uma família humana, isso pode fazer com que o cão apresente todo tipo de comportamento indesejado, incluindo ansiedade, destrutividade, latidos excessivos e agressividade. Não ter um líder forte deixa o cão em um estado mental de desequilíbrio, e então ele vai fazer o que acha que deve a fim de atender às próprias necessidades.

Para efeito de comparação, imagine o seguinte cenário: Você foi abruptamente retirado de sua casa e levado para o Salão Oval.* Um agente do serviço secreto lhe diz: "Você é o presidente agora. Boa sorte", e então parte, não lhe oferecendo mais nenhuma instrução. Só uma pessoa extraordinária não cometeria erros terríveis em um dia ou dois. Um cão sem uma forte liderança está preso na mesma situação.

Essa liderança forte muitas vezes não existe porque as pessoas têm a tendência a amar e mimar seus cães, e encaram qualquer tipo de disciplina ou correção como "maldade". Em vez de fornecer orientação e proteção, que é o trabalho do líder da matilha, muitas delas tentam argumentar com seus animais, como fariam com uma criança de 5 anos.

O único problema é que você não pode explicar as coisas para um cão em termos intelectuais, porque ele é um ser instintivo. Seu

---

* Gabinete de trabalho do presidente dos Estados Unidos. (N. da T.)

Os filhotes experimentam energia calma e assertiva primeiro com a mãe.

cachorro vai apenas olhar perplexo quando você disser: "Bella, a mamãe fica muito chateada quando você mastiga as coisas dela. Por favor, não faça mais isso". O cão não tem ideia do que a mamãe está falando. A mãe canina seria calada e direta, usando a energia, o contato visual e o toque para passar a mensagem de "Pare" a seu filhote.

O líder da matilha também não se comunica com energia emocional ou nervosa; é sempre calmo e assertivo, usando essa energia para influenciar o comportamento do bando. Agora, você pode se perguntar como exatamente se projeta energia calma e assertiva. Uma coisa que digo com frequência às pessoas é que pensem em alguém que admiram — um professor, uma figura histórica, um herói da ficção — e a seguir se imaginem como essa pessoa. Tal imagem mental vai influenciar sua linguagem corporal e então projetar energia calma e assertiva. É difícil ser preguiçoso quando você se imagina a Cleópatra ou o rei Artur. Se acha essa ideia boba, observe por um instante um cão calmo e confiante e perceba como ele se move — orgulhosamente, com a cabeça e as orelhas erguidas, e sempre com objetivo.

Também é muito importante que o líder da matilha reivindique a posse de seu território, o que você pode fazer se impondo de um jeito calmo e confiante. Isso deixa claro para o cão que você é o dono do espaço em que ele vive, ajudando-o a respeitar sua autoridade. Ao lado da reivindicação de posse, você deve ensiná-lo a trabalhar por comida e carinho, levando-o para passear antes de alimentá-lo. Além de fazer o animal trabalhar fisicamente, também deve fazer com que trabalhe psicologicamente, levando-o a esperar até que esteja em um estado de calma e submissão para lhe fornecer comida ou carinho.

Mais importante ainda: como líder, você deve conhecer o bando e suas necessidades e ajudar a supri-las, criando um ambiente estruturado, consistente com as regras, limites e limitações. "Dominância" não é uma palavra feia. Na verdade, como a maioria dos cães não quer ser líder, seu animal vai apreciá-lo ainda mais se você assumir o controle.

🐾 🐾 🐾

Os princípios fundamentais deste capítulo abrangem muitas áreas diferentes. Alguns atuam diretamente no estado de espírito, na energia e na vontade. Outros dependem do seu reconhecimento das verdades intrínsecas acerca de seu animal e de como ele interage com o mundo. Juntar todas essas ideias cria um poderoso alicerce sobre o qual podemos construir uma estrutura para nossos cães e nossa vida juntos. O próximo capítulo nos conduz por técnicas práticas, simples e poderosas nas quais, mais uma vez, confio para propiciar equilíbrio e felicidade a meus cães.

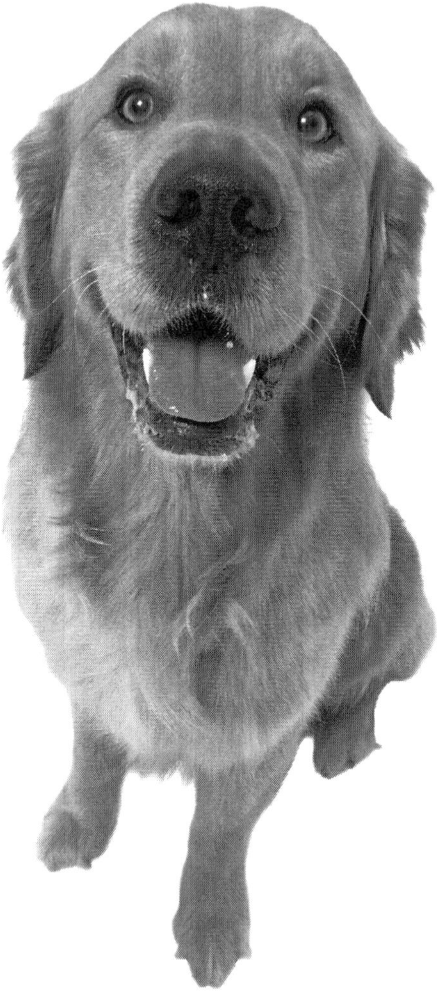

4
TÉCNICAS PRÁTICAS PARA O LÍDER DA MATILHA

A JORNADA PARA SE TORNAR UM FORTE LÍDER DE MATILHA É DIferente para cada um. Para alguns, pode ser uma longa viagem, embora outros possam senti-la como uma volta no quarteirão. De qualquer forma, tudo começa com um passo simples: enxergar seu cão como ele realmente é. E a melhor maneira de fazer isso é confiar no seu conhecimento das leis naturais caninas e dos princípios fundamentais. A seguir, vamos colocá-los em ação com algumas técnicas práticas.

O conhecimento é apenas uma parte da equação na criação de equilíbrio na vida. É ótimo estar munido de informação, mas você deve usar essas lições para configurar o quadro apropriado para si mesmo e seu cão. Todas as cinco técnicas para o líder da matilha descritas neste capítulo são solidamente baseadas nas leis naturais caninas e nos princípios fundamentais. Não se deixe enganar pela simplicidade dessas técnicas. São ferramentas poderosas, e seu uso resultará em uma relação muito mais gratificante entre você e seu cão.

Técnica para o líder da matilha nº 1:
Projetar energia calma e assertiva.

Como a energia é muito importante no mundo canino, o homem tem de conhecer e entender que tipo de energia projeta para ter um cão feliz e saudável. Projetar energia calma e assertiva é uma das partes essenciais de ser líder da matilha. Se estiver procurando um grande modelo de energia calma e assertiva, pense em Oprah Winfrey ou no nadador olímpico Michael Phelps. A forte liderança dessas personalidades em seus respectivos campos é comunicada não só na forma como falam, mas também na postura — donos de si, confiantes e no controle.

A energia de seu cão é diferente da sua. Seu animal deve ser calmo e submisso, estado natural de um "seguidor" de uma matilha. Quando um cão incorpora essa energia calma e submissa, ele relaxa a postura, mantém as orelhas para trás e responde facilmente a seus comandos.

Com frequência, a primeira energia que um filhote experimenta após o nascimento é a energia calma e assertiva da mãe, que lhe dá o primeiro gostinho de proteção e segurança. Mais tarde, o filhote provavelmente vai seguir, por associação, um líder que projete a mesma energia calma e assertiva. Como membros da matilha, os cães devolvem a energia calma e submissa que completa o equilíbrio do bando. É importante compreender que a maioria desses animais nasce para ser submissa, porque existem poucos líderes de matilha.

Quando se junta uma pessoa calma e assertiva com um cão calmo e submisso, cria-se um equilíbrio natural que alimenta a estabilidade, resultando em um cão equilibrado, centrado e feliz. Mas, quando um cão naturalmente submisso vive com um humano que não lidera, o animal tentará corrigir o equilíbrio do bando ocupando aquilo que vê como papel vago de líder. É assim que os problemas de comportamento se desenvolvem.

Para se estabelecer como líder da matilha, você deve sempre projetar uma energia calma e assertiva. Por exemplo, quando os cães chegam em casa, muitos se deparam com energia humana, intensa e emocional, pela primeira vez. Nós os enchemos de afeto e falamos com voz de bebê em tom alto, o que eles percebem como energia agitada — não calma e assertiva. É por isso que muitos não obedecem a seus cuidadores humanos. A mãe deles nunca agiu dessa maneira. Não lhes é natural.

Como prova, basta observar minha parceria com meu pit bull de 4 anos, Junior. Nós estamos juntos desde que ele era filhote. Passamos todo o nosso tempo juntos. Junior tem mais quilômetros rodados do que a maioria das pessoas — mais de 320 mil quilômetros cruzando o mundo para ajudar a educar, resgatar ou reabilitar cães necessitados. Raramente tenho de falar com ele, e mesmo assim ele sabe o que quero que faça. Nossa comunicação é essencialmente não verbal. Quando estou em uma cidade grande como Nova York, levo Junior para um passeio noturno sem coleira. Ele fica ao meu lado, e as pessoas se surpreendem com a nossa sintonia. Provavelmente não existe outra cidade no mundo mais distrativa que Manhattan, mas, durante nossos passeios noturnos, Junior permanece ao meu lado, lendo cada movimento que faço.

No verão passado, Junior e eu fomos a Nova York para uma viagem de divulgação. Durante a viagem, recebi um telefonema desesperado de um cliente muito rico que tinha um problema com sua airedale terrier, chamada Paris. Ele decidira fazer uma grande festa em comemoração ao décimo aniversário de Paris nos luxuosos Hamptons. Seria um dos maiores eventos sociais da temporada de verão. O único problema era que Paris ficara assustada e se recusara a sair de baixo da mesa da sala de jantar. Isso durou dois dias, e o problema persistiu até um dia antes da celebração. O proprietário estava desesperado, então Junior e eu fomos ajudá-lo.

A energia de Paris era de medo severo, que estava resultando em agressividade. Levei Junior para dentro da casa, e ele sentiu o perigo potencial. Eu apenas fiquei atrás; Junior sabia o que eu queria que ele fizesse. Depois de quinze minutos com Paris debaixo da mesa, ele conseguiu conduzi-la até onde eu poderia trabalhar com ela para aliviar sua ansiedade e seu medo. Não é preciso dizer que Junior foi convidado para a festa de aniversário do dia seguinte.

Sem poder se dar ao luxo da linguagem, os cães têm de confiar em sua avançada intuição, sentidos e instintos. E nós, seres humanos, precisamos aprender a reconhecê-los. Quando fazemos isso, podemos alcançar resultados surpreendentes.

▸ *Técnicas em ação:*
Como modificar sua energia

Como eu já disse, sua energia vai determinar como seus cães o verão no papel de líder da matilha. Toda a sua energia — boa ou ruim — é reflexo de seu estado físico, mental e intencional. A energia calma e assertiva se manifesta por meio de um comportamento confiante, ombros retos, marcha deliberada e a clareza decorrente de saber exatamente o que você quer a partir desse momento. O exercício a seguir vai ajudá-lo a identificar sua energia atual e a energia das pessoas a seu redor, concentrando-se em dois estados opostos: positivo e negativo.

Identificando a energia positiva
É bom ter um parceiro ou um espelho para executar este exercício:

1. Posicione-se na frente de um amigo de confiança (ou do espelho) e pense em um momento em que se sentiu realmente positivo em relação à vida. Imagine-se nesse momento feliz e efusivo e canalize essa energia. Feche os olhos, se ajudar. Por um ou dois minutos, dê o seu melhor para voltar a esse estado de espírito positivo.

2. Ajuste seu corpo para combinar com o estado positivo de sua mente. Observe o que acontece com seus braços, peito, ombros e sua expressão facial. Como está sua respiração?

3. Se estiver com alguém, peça à pessoa que imite quaisquer mudanças que perceba. Como eu disse, a energia é contagiante e influencia as pessoas a seu redor. Peça ao outro que demonstre a maneira como seu corpo mudou conforme você se encheu de pensamentos positivos.

4. Estar ciente de sua energia é o primeiro passo para modificá-la. Nas primeiras horas ou dias após este exercício, tente repetir o estado de energia positiva que você criou. Mesmo que não esteja se sentindo bem, ajustar seu corpo e sua mente em uma direção positiva pode ter forte impacto sobre a energia que você transmite ao mundo e a seu cão.

Identificando a energia negativa

Faça este exercício com um parceiro ou na frente do espelho:

1. Imagine-se em um momento em que estava se sentindo desanimado, com raiva ou frustrado. Por um ou dois minutos, coloque-se nesse estado de espírito negativo.

2. Ajuste seu corpo para combinar com o estado de espírito negativo. Observe o que acontece com seus braços, peito, ombros e sua expressão facial. Como sua respiração mudou?

3. Se estiver com alguém, peça à pessoa que imite quaisquer mudanças que perceba em sua linguagem corporal. A energia negativa é tão contagiante quanto a positiva e influencia os outros a seu redor. Peça que a pessoa lhe mostre como seu corpo e

sua energia mudaram quando você encheu a cabeça de pensamentos negativos, medo ou ansiedade.

4) Respire fundo e volte ao estado positivo da primeira parte do exercício. Por um ou dois minutos, leve sua mente de volta ao estado feliz, poderoso e inspirado. Perceba quanto controle você tem sobre seus estados mentais positivos e negativos.

Você pode tentar repetir esses exercícios com seu cão por perto para ver qual é a reação dele. Como ele age quando sua energia muda? Também pode praticar com seus filhos ou cônjuge. Depois de entender como está afetando diretamente os outros, você se tornará mais consciente de sua própria energia e de como ela pode influenciar seu cão e as outras pessoas.

Técnica para o líder da matilha nº 2: Dar exercício, disciplina e carinho, nessa ordem.

Se você estiver familiarizado com meu trabalho, deve conhecer minha "fórmula de satisfação" para cães: "Exercício, disciplina e carinho, nessa ordem". Infelizmente, em muitos lugares as pessoas dão a seus cães carinho, carinho e carinho. O resultado é um animal desequilibrado.

Ouço um monte de desculpas de pessoas que não exercitam seus animais de estimação por meio de passeios: "Não tenho tempo de passear com o cachorro todos os dias", "Meu cachorro brinca no quintal o dia todo, não precisa de passeio", "Tenho problemas de mobilidade e não posso caminhar com meu cachorro" e assim por diante. A verdade é: se você assume a responsabilidade de adotar um animal, tem de assumir a responsabilidade por todos os aspectos da vida dele, e o exercício físico é um deles.

Se você não dispõe de tempo, crie o tempo. Se fisicamente não tem condições de passear com o cachorro, contrate um passeador de cães profissional, ou pelo menos invista em uma esteira ergométrica. Mesmo que seu cão conte com um quintal, ainda assim ele precisa caminhar — correr em volta de um terreno o dia todo não caracteriza o tipo de exercício adequado, pois não é focado nem é natural para um cão ficar preso em um único ambiente. Lembre-se ainda de que passear com o cão não é levá-lo ao banheiro. O passeio não é só para que o animal faça suas necessidades.

A finalidade de exercitar seu cão por meio de um passeio é dupla. Primeiro, drena o excesso de energia do animal de forma natural, focada. Quando um cão está caminhando e se movendo para frente, sua mente também é direcionada para frente, como seria na migração natural de bandos para caçar alimentos. Isso lhe fornece estímulo mental, além de ser o trabalho que o cão deve realizar antes de receber alimento. Outro objetivo da caminhada é criar um vínculo com o cachorro, e darei mais informações sobre esse assunto mais adiante neste capítulo.

A segunda parte da fórmula, a disciplina, é intimidadora para algumas pessoas, provavelmente porque a palavra pode ter conotações negativas. Muita gente interpreta disciplina como "punição", embora não seja esse o significado. A melhor definição de disciplina é "treinamento para agir em conformidade com as regras". Um "exército bem disciplinado" não significa um grupo de soldados chicoteados, mas um grupo de pessoas que trabalham bem juntas porque seguem as mesmas regras. Esse é o objetivo da parte de *disciplina* da fórmula: garantir que você e seu cão trabalhem bem em conjunto, seguindo regras.

A coisa mais importante para ensinar a seu cão é entrar em um estado calmo e submisso quando você solicitar, e o caminho mais rápido para garantir esse comportamento é, naturalmente, drenar a energia dele por meio de exercícios. Por isso disciplina é a segunda parte da fórmula. Quando seu cão está cansado, a mente dele se volta para o descanso, e levá-lo à submissão calma é muito mais fácil. Também é essencial que seu animal esteja em um estado de calma e submissão antes de passar para a última parte da fórmula.

Depois que seu cachorro se exercitou, atendeu às suas solicitações e está em um estado calmo e submisso, só então é hora de lhe dar carinho. Esse é o momento ideal para alimentar seu cão, porque ele trabalhou para isso, passeando e seguindo as regras. Você também pode lhe oferecer mimos e carícias, mas deve parar imediatamente se ele sair do estado calmo e submisso. Se você der ao cão um tempo para brincar como recompensa, pare se ele começar a ficar agressivo ou muito agitado.

Apesar de ter sempre que ensinar às pessoas sobre exercício e disciplina, raramente tenho de lhes explicar como dar afeto. Por isso é tão importante aprender esta fórmula e repeti-la para si mesmo: "Exercício, disciplina e carinho, nessa ordem".

Técnica para o líder da matilha nº 3: Estabelecer regras, limites e restrições — e aplicá-los.

Então você está vivendo no presente, projetando energia calma e assertiva e trabalhando com a Mãe Natureza, relembrando as cinco leis naturais caninas e seguindo os princípios fundamentais. Está proporcionando exercício, disciplina e carinho. E agora? Para estabelecer completamente seu status de líder de matilha, você precisa dar a seu cão regras, limites e restrições e, então, aplicá-los de forma consistente para que o animal não fique confuso. Essa estrutura mais consistente vai fazer maravilhas pelo estado de espírito de seu cachorro.

Nas matilhas naturais, a mãe de um filhote começa a fazer isso desde o início, usando o toque e o faro para controlar aonde o cachorrinho vai, quando brinca e quando come. Se o filhote se comporta mal, a mãe abocanha suavemente a cabeça dele como correção, e ela vai pegar o cachorrinho pelo pescoço e levá-lo de volta ao esconderijo se ele for para muito longe. Uma mãe canina equilibrada nunca é emocional ou agitada quando se trata de seus filhotes.

Cães adultos também precisam saber o que podem e o que não podem fazer, e, como líder da matilha, você precisa lhes ensinar. No mínimo, deve ensinar a seu cão os comandos básicos: "senta", "fica", "solta", "vem", "deita" e "junto". Quando treinar, comece usando sua energia e gestos, em vez de palavras. "Senta" é um comando perfeito para iniciar, e você vai ficar surpreso ao ver quantos cães naturalmente se sentam quando você os aborda com energia calma e assertiva e se inclina levemente em direção a eles.

Quando o cão realizar o comando desejado, recompense-o com uma guloseima, elogios ou qualquer outra coisa que motive esse animal em particular. Conforme for repetindo o treinamento e o cão se aperfeiçoar até obedecer ao comando imediatamente, você pode começar a adicionar o comando falado, se quiser. Tenha em mente, porém, que não importa que palavras você use. O cachorro pode facilmente aprender a se sentar ao som da palavra "lápis".

Durante o treinamento, se seu animal começar a dar sinais de distração, olhando ao redor, bocejando ou se tornando hiperativo, é hora de dar um tempo. Filhotes têm uma resistência menor que cães adultos e ficarão entediados ou distraídos mais rapidamente.

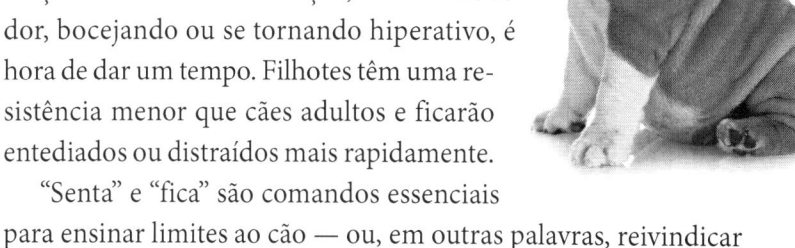

"Senta" e "fica" são comandos essenciais para ensinar limites ao cão — ou, em outras palavras, reivindicar seu espaço e definir seu território. Se não quiser que seu cachorro entre em determinado ambiente, mantenha-o sentado do lado de fora da porta enquanto você entra e corrija-o se ele tentar adentrar o aposento, utilizando sua linguagem corporal para fazê-lo retroceder. Seja consistente. Se jamais quiser que o animal entre naquele aposento, nunca o deixe entrar. Se ele puder entrar às vezes, só poderá ser a seu convite.

Sempre que saírem de casa, você deve ser o primeiro a passar pela porta, bem como o primeiro a entrar quando voltarem. Mais uma vez, use "senta" e "fica" para fazer seu cão esperar quieto enquanto você passa e a seguir o convide a segui-lo. Isso vai ajudar a ensinar ao cão que você é o dono do espaço e reforçará a ideia de que é você quem dita as regras. Também o ensinará a esperar por você antes de receber o benefício desejado, enfatizando a fonte desse benefício — o líder da matilha.

Lembre-se: a maioria dos cães não é um líder nato e não quer ser. No entanto, se não lhes for dada nenhuma direção, eles tentarão fazer o possível para restaurar o equilíbrio do bando. Infelizmente, um cão nesse estado com frequência atua com frustração e ansiedade, e assim vai apresentar comportamentos indesejados e normalmente destrutivos ou agressivos. A maioria dos cachorros não sabe o que deve fazer. Precisam que alguém lhes diga. Ao oferecer uma liderança forte por meio da criação de regras, limites e restrições, você presenteia seu animal com direcionamento. E ele vai lhe agradecer sendo calmo e submisso e vendo-o como o líder da matilha.

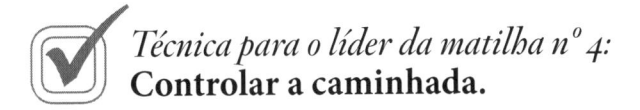

☑ *Técnica para o líder da matilha nº 4:* **Controlar a caminhada.**

A atividade mais importante que você pode compartilhar com seu animal é a caminhada. Ela propicia exercício e estímulo mental ao cão e afirma sua posição humana como líder da matilha. Além de manter a energia calma e assertiva, você deve sempre usar uma guia curta, com a coleira localizada na parte superior do pescoço do cachorro. Isso lhe permitirá aplicar correções com um puxão rápido para o lado, o que vai redirecionar a atenção dele.

Na caminhada, seu cão deve estar sempre ao seu lado ou atrás de você. Se estiver à sua frente, ele estará no papel de líder da matilha, não você. Existem várias maneiras de treinar seu animal para que ele fique na posição correta. Uma é não permitir que avance se ficar à sua frente. Aplique uma correção e pare ou mude de direção, e continue fazendo isso até que ele caminhe atrás de você. Outra opção é usar uma bengala ou uma vara e segurá-la na frente do cachorro para mantê-lo no lugar.

As manhãs são o momento ideal para um passeio, porque seu cão terá acordado com energia total. Mas é essencial que você te-

A caminhada é um importante ritual diário para Junior e para mim.

nha tempo suficiente para caminhar de trinta minutos a uma hora a fim de drenar corretamente a energia do animal. Esse tempo pode variar, dependendo da idade e das necessidades do cachorro. Animais idosos podem se cansar depois de quinze minutos, ao passo que cães jovens e enérgicos podem demorar noventa minutos ou mais. Se seu cão tiver qualquer problema de saúde, consulte o veterinário para determinar os limites seguros.

Lembre-se também de que o objetivo da caminhada não é que o cão fareje tudo ou se alivie. Para manter o controle, siga em frente pelo menos nos primeiros quinze minutos e a seguir recompense o animal lhe permitindo explorar ou fazer suas necessidades. Mantenha esse tempo de recompensa por um período inferior ao caminhado e siga o padrão pelo restante do passeio.

Não se esqueça de manter a liderança quando voltar para casa. Entre em casa primeiro, depois convide o animal a segui-lo e faça-o esperar que você retire a coleira. Esse é o momento ideal para a alimentação, porque ele acabou de trabalhar por ela.

Dedicar um tempo para passear com o cachorro é o melhor método de exercitá-lo e ajudá-lo a manter o equilíbrio. Também é o melhor método para afirmar sua liderança de forma positiva. Você deve levá-lo para passear pelo menos duas vezes ao dia, por tempo suficiente para drenar sua energia e manter seu estado calmo e submisso.

Com a caminhada, você pode praticar todos os meus métodos para manter seu cão equilibrado. O passeio fornece exercício e disciplina, com oportunidades para um pouco de carinho. Ajuda você a estabelecer regras, limites e restrições e permite que vocês dois entrem em contato com a natureza. Por fim, é uma ótima oportunidade para aprender a viver o momento e ajustar sua própria energia. Quando começar a aplicar tudo isso junto, você vai perceber que o passeio é o momento mais gratificante e produtivo do relacionamento com seu cão, e os dois vão se sentir melhor.

Técnica para o líder da matilha nº 5:
Ler a linguagem corporal de seu cão.

A energia é a linguagem implícita da comunicação, e uma das principais formas usadas pelos cães para se comunicar é a linguagem corporal. Os cachorros instintivamente entendem a linguagem um do outro. Ao mesmo tempo, interpretam do seu jeito a nossa linguagem corporal. Se não nos dedicarmos a entender como os cães usam essa linguagem, correremos o risco de haver mal-entendidos na comunicação.

Para começar, pense em dois bons amigos (humanos) reunidos depois de uma longa separação. Assim que veem um ao outro, ficam animados — postura ereta, exibindo os dentes em sorrisos largos, caminhando um pouco mais rápido. Erguem e agitam os braços com entusiasmo. Logo que se aproximam, trotam ou até mesmo correm e ficam de frente um para o outro, provavelmente se cumprimentando com um abraço apertado, ou no mínimo com um vigoroso aperto de mão.

Lembre-se: os seres humanos percebem o mundo pela visão e pelo tato em primeiro lugar, ao passo que a visão é secundária para os cães e o toque vem por último (veja capítulo 2, página 46). Então, para os humanos, o contato direto, cara a cara, da saudação é bastante normal. No mundo humano, é considerado muito rude não olhar para as pessoas quando as encontramos, e fazer contato visual é percebido como demonstração de interesse ou atenção, raramente como ameaça. Mesmo quando humanos estranhos se encontram, eles ficam de frente um para o outro, fazendo contato visual e vocalizando — falando para se cumprimentar.

Se dois cães estranhos se apresentassem dessa forma, provavelmente haveria uma briga. Tudo na linguagem corporal desse encontro — a aproximação cara a cara, o contato visual, a vocalização — indicaria agressividade. Mesmo dois cães conhecidos podem

Os cães se conhecem por meio de seu sentido mais forte: o olfato.

recorrer ao instinto e explodir se perceberem que o outro se aproxima de forma agressiva.

Como os cães se cumprimentam

Da próxima vez que estiver em um parque, note bem como dois cachorros se aproximam um do outro ao se encontrarem. Quando o encontro é amigável, eles usam seu principal sentido — o olfato — para "dizer" olá. Eles se aproximam de forma indireta e cheiram o flanco ou o traseiro do outro até que tenham certeza da energia dele. Observe a postura geral e a energia e como mantêm a cabeça, as orelhas e o rabo. A linguagem corporal desses animais se expressa especialmente por meio dessas partes do corpo, e em geral a altura de cada uma delas corresponde ao nível de assertividade, agressividade ou dominância do cão.

Naturalmente, você precisa estar ciente das especificidades físicas de seu animal. Em algumas raças, as orelhas quase sempre ficam em pé, em outras estão sempre caídas. Se prestar atenção, no entanto, você será capaz de dizer quando as orelhas de seu cão estão tensas e quando estão relaxadas. Tensão corresponde a orelhas erguidas, e relaxamento, a orelhas abaixadas.

Com o rabo, é parecido. Algumas raças sempre mantêm o rabo curvado sobre o dorso, enquanto outras não têm rabo, ou ele é cortado (desnecessária e cruelmente) logo após o nascimento. Em ambos os casos, é difícil dizer se ele está em posição alta, média ou baixa, a não ser que você treine para ler os movimentos sutis de seu animal.

Agora, vejamos alguns exemplos de como a cabeça, as orelhas e o rabo projetam a linguagem corporal do cachorro.

Calmo e assertivo

Quando um cão está calmo e assertivo, a cabeça, as orelhas e o rabo estão erguidos, mas sem tensão no corpo. Se ele abanar o rabo, o movimento será de lento a moderado e rítmico. Um cão nesse estado é prudente em seus movimentos, seja permanecendo parado, seja avançando com propósito. Lembre-se, porém, de que, como poucos cães nascem para liderar, você vai encontrar poucos nesse estado de energia.

Calmo e submisso

Quando um cão é calmo e submisso, as orelhas ficam encostadas na cabeça e o rabo pende na posição central. O corpo aparenta estar relaxado. Um cão calmo e submisso também se senta ou deita com frequência, e o que é ainda mais submisso posiciona o queixo nas patas ou no chão. Um cachorro submisso pode começar a abanar o rabo quando você faz contato visual.

Um cão calmo e submisso é frequentemente visto sentado ou deitado.

Agressivo

Um cão agressivo exibe todos os sinais de um cão calmo e assertivo, exceto pelo fato de que o corpo fica muito tenso e retesado, quase como se estivesse inclinado para frente contra uma contenção física. Um animal agressivo também mantém contato visual.

Alguns cachorros agressivos mostram os sinais mais óbvios: rosnam, exibem os dentes ou latem, mas não deixe que a ausência desses sinais o leve a crer que o cão não vai avançar ou morder. Se a linguagem corporal for tensa e retesada, deixe-o sozinho. Se estiver abanando o rabo, não conclua que é um animal amigável. Cães agressivos muitas vezes erguem o rabo bem alto e o abanam rápido.

Medroso e ansioso

Um cão com medo, se não fugir, tentará ficar menor. Ele fará isso abaixando a cabeça e as orelhas, curvando o corpo e dobrando as pernas. Um cachorro medroso geralmente mantém o rabo na posição mais baixa, muitas vezes entre as pernas (de onde vem a expressão "fugir com o rabo entre as pernas"). Assim como acontece com um cão agressivo, esse animal também pode abanar o rabo rapidamente, mas nessa posição, para baixo.

Em algumas raças, um cão medroso pode elevar a grande cordilheira de pelos que lhe percorre a coluna. Originalmente, a intenção era fazer o cão parecer maior e assustar predadores. Em alguns casos, um cachorro com medo pode semicerrar os olhos, para protegê-los. Essa ação possivelmente se estenda até o lábio superior, ondulando-o de modo a expor os dentes. De qualquer forma, assim como um cão agressivo que abana rapidamente o rabo, esse indício não significa o que parece. No caso de um cão medroso, mostrar os dentes é sinal de submissão e resultado da cara toda do animal se contorcendo.

"Me deixe em paz"

Independentemente da energia ou humor do momento, alguns cães às vezes simplesmente não querem ser abordados por um ser humano e o avisam. Na maioria das vezes, o cachorro só vai se virar e se afastar. Se fizer isso, não vá atrás dele. Lembre-se: seguidores vão até o líder. Se você for atrás do animal, não estará agindo como líder da matilha nem respeitando os desejos dele.

Outra maneira que ele usa para comunicar que não está interessado é evitar contato visual, virando a cabeça para o lado. Ele também pode erguer o rabo, mas isso será incompatível com a posição da cabeça e das orelhas, devido à indecisão.

Um cão que não quer ser abordado também pode ficar bem quieto e rígido, como se, paralisado, fosse se tornar invisível para você. Nos níveis mais extremos de alerta, o animal pode estalar os lábios ou rosnar para enviar a mensagem: "Me deixe em paz".

Ao aprender a ler a linguagem corporal dos cães, você vai melhorar sua capacidade de se comunicar com eles, por entender o que estão dizendo, além de se tornar mais capaz de usar sua energia calma e assertiva para redirecionar os instintos do animal e obter o comportamento desejado.

▶ Um conjunto completo de ferramentas

Todas essas técnicas — mais as leis e os princípios dos capítulos anteriores — estão no cerne do meu trabalho com cães. Estabeleça essa estrutura e atenha-se a ela. Você e seu cão vão se beneficiar de uma rotina e uma abordagem consistentes. Você estará cumprindo seu papel de líder de matilha, e seu cão alcançará o estado calmo e submisso decorrente disso.

5
NÃO É MALCRIAÇÃO

Normalmente, comportamentos impróprios em cães se manifestam de duas maneiras: ou aparecem de repente, ou são maus hábitos. Se seu animal sempre teve problemas de comportamento, primeiramente comece olhando para si mesmo. De que maneira você não satisfaz as necessidades dele ou falha ao desempenhar a liderança da matilha? Vamos lidar com essas questões — e suas soluções — neste capítulo.

Quando o comportamento de seu cachorro muda abruptamente, ele está tentando lhe dizer alguma coisa, e você vai ter de resolver o problema observando seu animal. Ao descobrir a mensagem que ele está tentando enviar, você saberá o que é necessário para resolver a situação. O problema aconteceu mais de uma vez? Há padrões surgindo? O problema parece incompatível com a personalidade de seu cão?

Por exemplo, se seu animal nunca faz as necessidades dentro de casa, mas um dia você chega e tem um presente no tapete, isso pode não ser motivo de preocupação. Pergunte a si mesmo se você esqueceu o passeio regular esse dia ou se mudou alguma coisa na dieta dele recentemente. Se o incidente não voltar a ocorrer sem uma causa clara, como as mencionadas, provavelmente você não tem um problema. Mas, se de repente começar a acontecer várias vezes por semana, é hora de iniciar um trabalho para corrigi-lo.

Nesse caso, elimine todas as explicações médicas. Por exemplo, um cão doméstico que de repente começa a urinar regularmente pela casa pode estar com infecção de bexiga. Agressividade repentina, rosnados ou afastamento ao toque podem indicar dor física. Se os hábitos de seu cão quanto a comer ou a beber mudarem de repente — por exemplo, ele come menos e bebe mais —, leve-o primeiro ao veterinário para um *checkup*.

Se seu cão tem boa saúde, pergunte a si mesmo: "Alguma coisa em nossa vida mudou recentemente?" Os cachorros são muito sensíveis a mudanças. Eles podem ficar inseguros, se sentir confusos ou ameaçados, mesmo com algo tão simples quanto uma mudança na programação diária, como sair de casa trinta minutos mais cedo ou mais tarde de manhã. Uma boa notícia é que, se você atender às necessidades de seu animal de outra forma, com exercício, disciplina e afeto (veja capítulo 4, página 82) e exercendo a liderança, ele deve se adaptar rapidamente a todas as mudanças.

Neste capítulo, descrevo o problema de cada mau comportamento, falo de suas possíveis causas e, a seguir, ofereço soluções para ajudar a devolver o equilíbrio a seu cão.

Uma última observação antes de começarmos. Se o comportamento de seu animal — seja habitual ou repentino — estiver causando sérias perturbações em sua matilha, considere a possibilidade de contratar um treinador profissional ou um especialista em comportamento canino. Os conhecimentos e as habilidades do profissional vão ajudá-lo a entender o problema e a traçar um plano para lidar com ele. E devo salientar que, se seu cachorro estiver apresentando agressividade sem uma causa física, seja em relação à comida, seja contra qualquer membro humano da matilha, ou se mordeu ou tentou fazer isso com alguém, procure imediatamente um profissional.

Mau comportamento n° 1: **Agitação excessiva**

Todos nós já vimos cães exaltados. São aqueles que começam a pular ou girar quando seus donos voltam para casa. Pulam nos convidados e correm por toda a casa. Puxam na caminhada, bufando e arfando, ansiosos para alcançar a próxima coisa a farejar. Saem em disparada no parque como se fossem galgos em uma pista de corrida. Esses cães são a própria definição de "hiperativo".

O cão que apresenta tamanha excitação não tem controle, o que pode ser perigoso para ele e para os humanos. O cachorro que pula pode escorregar e machucar as patas ou as costas. Suas garras podem arranhar as pessoas. Se o animal for grande, ele pode bater nos móveis ao redor ou derrubar alguém. Como líder da matilha, você deve dar a seu cão confiança e energia calma e submissa quando voltar para casa. Ele pode não parecer tão feliz, mas, confie em mim, um cão que fica em silêncio e apenas o olha quando você chega em casa é muito, muito mais feliz do que aquele que fica saltando nas paredes.

Agitação excessiva: as causas

Esse tipo de mau comportamento é causado pela combinação de excesso de energia e afeto mal direcionado. O cachorro muito agitado em geral não faz exercício suficiente. Mas com frequência eu vejo, nesses casos, que não só as pessoas não fazem nada para interromper o comportamento indesejado como, sem saber, conseguem fazer o oposto, incentivando-o.

É uma tendência natural do ser humano atribuir as próprias emoções aos cães, por isso nosso primeiro pensamento ao ver nosso animal pulando feito doido quando voltamos para casa é que ele está muito feliz em nos ver. E por que não pensaríamos isso? Os seres humanos felizes pulam feito doidos quando são selecionados para um concurso na TV, ou quando seu time marca o gol da vitória. Também pulamos enlouquecidos quando dançamos, e em geral só dançamos quando estamos felizes.

Então, chegamos em casa e nosso cão nos cumprimenta pulando ou girando, e nossa reação natural é ficar felizes também e cumprimentá-lo, assegurando que sentimos muito sua falta. O que realmente fazemos nesse caso é dar carinho e atenção a um cão instável, e ele recebe uma única mensagem: "Gosto quando você age assim!"

Superando a agitação excessiva

O primeiro passo para lidar com o problema é ignorar o animal quando ele está exibindo um comportamento indesejado. Quando chegar em casa, se seu cão começar a pular ou girar, aplique minha técnica "não toque, não fale, não faça contato visual" (veja capítulo 2, página 47). Não cumprimente seu cachorro enquanto ele estiver muito agitado. Em vez disso, siga sua rotina normal. Largue o que estiver carregando, faça o que faria normalmente e espere até que o animal relaxe (esgotado) antes de dizer olá e lhe fazer um carinho.

Esse método também é necessário se seu cão pula nas visitas, mas você vai precisar treinar seus visitantes também. Pessoas que gostam de cachorros costumam tolerar o comportamento agitado do animal e lhe dar carinho, provavelmente por medo de parecerem rudes. Como anfitrião, você pode educar seus convidados pedindo-lhes que ignorem o animal enquanto ele estiver agitado. Assegure que nem você nem o cão vão se ofender, e que assim eles estarão ajudando a treinar o animal.

Em geral, quando você volta para casa também é uma boa oportunidade de verificar sua própria energia. Seu cão é seu espelho. Você costuma ficar facilmente agitado, ou normalmente é escandaloso? Se você está constantemente exibindo agitação excessiva, seu cão reflete isso. Falar alto, correr de lá para cá, se chatear com coisas pequenas, tudo isso vai dizer a seu cão que é assim que essa matilha se comporta.

Naturalmente, você precisa queimar o excesso de energia de seu animal de estimação levando-o para um passeio longo e vigoroso. Essa é uma maneira saudável de concentrar toda essa energia em andar com você e usá-la de forma positiva. Se seu cão for hiperativo na caminhada, dar-lhe uma tarefa, como fazê-lo carregar uma mochila, vai ajudar a esgotá-lo mais rapidamente; o peso da mochila também vai focar a atenção dele no ato de carregá-la.

Outra opção para tentar acalmar um cachorro superagitado é apelar para seu forte órgão olfativo, o nariz. Alguns odores, como lavanda, são calmantes para os seres humanos. Com os cães ocorre o mesmo, mas eles têm o faro muito mais poderoso. Consulte seu veterinário para descobrir que cheiro pode funcionar com seu cão e que métodos de aromatização são mais seguros para ele.

Embora a agitação excessiva possa parecer um problema relativamente inofensivo, em longo prazo é melhor ensinar seu cão a cumprimentá-lo com energia calma e submissa, sendo mais saudável permitir que o animal use o excesso de energia de forma positiva e focada. Um cão que pula, gira e corre pode parecer feliz, mas essa é uma percepção humana. Um cão calmo e equilibrado é muito mais feliz.

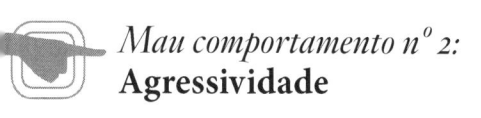

Mau comportamento n⁰ 2: **Agressividade**

A agressividade em cães, provavelmente um dos problemas mais comuns que me pedem para resolver, pode assumir muitas formas. Alguns cachorros são agressivos apenas com outros cães ou animais, alguns só com pessoas, outros ainda exibem agressividade só em relação à comida ou a guloseimas e brinquedos de elevado valor para eles.

A agressividade em cães é um comportamento muito visível e identificável, especialmente para quem é vítima dela. A linguagem corporal desses animais é tensa e focada, e muitas vezes eles fazem barulhos: rosnam, latem, mostram os dentes e com frequência pegam ou mordem qualquer pessoa ou animal a seu alcance. Normalmente, durante os passeios cães agressivos são difíceis de controlar, puxam, latem para qualquer outro cão ou humano que veem.

Esse problema pode ser um dos mais difíceis de resolver, particularmente no caso de mordedores, ou cães que estão na "zona de alerta", ou seja, aqueles que entram em modo de ataque e não é possível retirá-los dali. Na natureza, os cães só mostram agressividade enquanto não ganham a "discussão". Um cão na zona de alerta, porém, ataca para matar, e não para enquanto não for bem-sucedido.

Pessoas com um cão agressivo em casa naturalmente se sentem nervosas o tempo todo, o que só pode piorar o problema. Ansiedade, nervosismo e indecisão são formas fracas de energia, e esses estados só servem para lembrar ao animal que não há um líder forte por perto. Se algum membro de sua família sente medo por causa da agressividade de seu cachorro, é hora de procurar imediatamente um profissional. Os cães podem sentir o medo em humanos e em outros animais, e um cachorro agressivo vai aproveitar esse estado fraco de energia. Além disso, se seu cão estiver apresentando agressividade relacionada à comida contra qualquer membro da matilha humana, procure um profissional.

*Como eles geralmente puxam e arremetem,
cães agressivos podem ser difíceis de controlar.*

Agressividade: as causas

A agressividade normalmente é causada por uma combinação de frustração e dominância. O cão pode se sentir frustrado devido à falta de exercício, e por isso fica cheio de energia reprimida. Além disso, ele se torna dominante por conta da falta de liderança dos humanos a seu redor. Frustração combinada com dominância fazem um cão atacar e tentar assumir o controle. Sem regras, limites e restrições, o cachorro não tem ideia do que deve fazer (veja capítulo 4, página 84). Essa situação pode ser muito confusa e assustadora para ele, sobretudo se normalmente ele não assume posição de liderança na matilha; e, como eu já disse, a maioria dos cães não é líder natural. São perfeitamente felizes sendo seguidores.

O efeito de um cão agressivo não reabilitado pode ser devastador para os moradores da casa. Conheci famílias que praticamente se tornaram eremitas em seu próprio lar, nunca permitindo visitas ou nunca deixando que os amigos dos filhos se reunissem lá para brincar. Em lares com vários animais, todos os membros da família têm de ficar separando-os, levando o cão agressivo de um lugar para outro e mantendo-o a portas fechadas. Com o problema não tratado, alguém inevitavelmente acaba mordido, o que aumenta o medo e a frustração das pessoas e faz com que o cão exerça ainda mais dominância. Depois de uma segunda mordida, os humanos da família muitas vezes sentem que têm apenas duas opções: livrar-se do animal ou sacrificá-lo. Então, resolver um problema de agressividade é um dos desafios mais importantes para mim, porque mantém os cães nas casas e as pessoas seguras.

Superando a agressividade

As causas da maioria dos casos de agressividade são as mesmas, e também as soluções. Para lidar com a agressividade do animal, todos os seres humanos da família precisam se estabelecer como líderes da matilha, e o cachorro tem de receber regras, limites e restrições consistentes. Durante o processo, encare seu cão como encararia um humano numa clínica de reabilitação — ele tem um problema a resolver e, enquanto não o fizer, não terá os mesmos privilégios e liberdades de um cão não agressivo. Isso não é punição, é estrutura, e vai simplificar a vida de seu cão durante a reabilitação. Em particular, tenha muito cuidado ao lhe dar carinho. Você só deve fazer isso quando ele estiver em um estado calmo e submisso. *Nunca* demonstre afeto quando o cachorro estiver apresentando o comportamento indesejado, especialmente a agressividade; isso só vai ensiná-lo a usar a agressividade para receber carinho.

Estabeleça regras e limites. Se seu cão normalmente passa o tempo no sofá, defina esse local como proibido por enquanto, e certifique-se de que o cachorro permaneça no chão. Não pense que o animal vai se sentir ofendido por isso. Cães não pensam assim.

> Arquivo de casos de Cesar

Teddy

Tenho lidado com muitos cães agressivos, e Teddy, um labrador amarelo misto de 9 anos, foi um caso típico. Seus cuidadores, Steve e Lisa Garelick, o adotaram quando filhote. Teddy naturalmente tinha alta energia e era agressivo, mas, como os Garelick não exerceram uma liderança forte desde o início, a agressividade do animal seguiu sem controle, voltada para pessoas e outros animais.

Eles toleraram a agressividade por nove anos. No entanto, com o nascimento da filha do casal, Sara (que tinha 2 anos e meio quando os visitei), ficaram cada vez mais preocupados. A última coisa que queriam era que Teddy mordesse a criança. Curiosamente, porém, Sara era a única pessoa com quem Teddy não demonstrava nenhuma agressividade. Isso acontecia porque os Garelick fizeram a coisa certa antes de ela nascer: prepararam o cachorro para a nova chegada e deixaram claro ao cão que esse novo ser humano tinha um status mais elevado. Sem saber, eles conseguiram fazer da filha líder da matilha de Teddy e, ainda assim, não conseguiram fazer o mesmo em relação a si próprios.

Os Garelick agiram como muitas pessoas agem quando seu cão mostra agressividade: evitaram situações que pudessem causar esse comportamento, em vez de lidar com o problema. Tinham medo de não ser capazes de controlar o cão nessas situações. Quando mostrei a eles que pude controlar a agressividade de Teddy redirecionando-o para fora do estado em que estava, eles perceberam que era possível. Quando lhes mostrei que poderiam fazer o mesmo, seu nervosismo e sua ansiedade diminuíram, a confiança aumentou e eles estavam prontos para ser líderes de matilha bem-sucedidos.

Na verdade, lidar com a nova regra provavelmente será mais difícil para os humanos. Quando as pessoas andarem pela casa, certifique-se de que o cão nunca seja o primeiro a atravessar uma porta para outro ambiente; ele deve esperar e ir atrás dos seres humanos. Se o seu cachorro tentar liderá-lo, volte para a porta e vá para o outro lado. Se tiver cômodos suficientes para isso, estabeleça um como temporariamente proibido para o cão, com todos os seres humanos da matilha consistentemente não permitindo que ele entre no ambiente.

Durante a reabilitação, recolha e guarde todos os brinquedos, ossos e outras coisas para cães espalhados pela casa, a fim de ensinar ao animal que todos esses objetos são seus e que ele pode usá-los somente de acordo com os seus termos. Muitas vezes, o cachorro se acha poderoso quando reúne uma grande coleção de coisas, de modo que deixar todos esses itens espalhados para que o animal agressivo os acumule pode piorar o problema.

Não deixe seu cão lhe dar ordens. Esses animais muitas vezes tentam chamar nossa atenção nos cutucando, colocando a cabeça em nosso colo ou pulando. Quando seu cachorro fizer isso, ignore-o, nem sequer diga "não". Basta não dar atenção ao comportamento. Caso contrário, ele terá acabado de lhe dizer o que fazer e você terá obedecido.

Durante todo esse processo, obviamente, a coisa mais importante que você pode fazer é manter seu cão bem exercitado, de preferência com longas caminhadas. Lembre-se de que parte da causa da agressividade é o excesso de energia, e você precisa drená-la. Se só andar não parecer suficiente para seu cão, faça-o carregar uma mochila para lhe dar uma tarefa e ajudar a drenar sua energia, ou faça-o rebocar você de patins, ou correr a seu lado enquanto você anda de bicicleta. (De qualquer forma, você deve consultar um treinador para que ele o ensine a fazer isso com segurança.)

Outro aspecto importante da caminhada, particularmente quando se trata de agressividade, é o vínculo da matilha e o estabelecimento da liderança. Na natureza, as matilhas migram juntas — em busca de comida e água e para explorar e estabelecer seu território. Quanto mais viajam, mais provável é encontrarem muita comida e água e maior se torna seu território. Quando você projeta energia calma e assertiva e lidera a caminhada, fornece a liderança e o direcionamento de que um cão agressivo necessita. Usando uma coleira, você também tem a oportunidade ideal para corrigir comportamentos indesejados antes que aconteçam.

Como animais gregários, a principal preocupação dos cães é que o bando todo funcione sem problemas, e a maioria deles prefere ser seguidor a líder. A agressividade dentro da matilha não é natural, e os membros mais dominantes rapidamente colocam um animal agressivo em seu devido lugar. Muitas vezes, quando levamos cães para nossos bandos humanos, nos esquecemos de satisfazer sua necessidade de um líder e, em vez disso, os mimamos como crianças, dando-lhes muito carinho não merecido. Sem uma liderança forte, esses animais são empurrados para um papel que não querem exercer e com o qual não sabem lidar, então partem para o ataque por causa de sua frustração. No entanto, a agressividade não costuma ser um problema sem solução, e seu cão vai lhe agradecer com lealdade e afeto assim que você restabelecer o lugar dele na matilha.

Mau comportamento n⁰ 3: Ansiedade

No mundo animal, há duas reações naturais a um estímulo ameaçador: lutar ou fugir. Vimos "luta" no tópico sobre agressividade, mas nem todos os cães reagem dessa maneira. É perfeitamente natural para um cachorro temer algo que lhe é ameaçador, mas a ansiedade anormal ocorre quando esses animais demonstram medo extremo de coisas que não podem prejudicá-los. Cães medrosos podem apresentar uma série de comportamentos, desde fugir e se esconder diante do primeiro estímulo súbito até ficarem empacados, tremendo de pavor. Não é incomum que tais cães subitamente urinem ou defequem por submissão, o que é uma situação desagradável também para os seres humanos. Esses animais podem ficar inquietos com tudo, desde a queda de objetos até pessoas refletidas na tigela de água.

Muitos cães sentem medo e seu primeiro instinto é fugir e se esconder de qualquer coisa nova. Ao extremo, a fuga se torna totalmente psicológica. Você já ouviu a expressão "paralisado de medo"? Isso acontece quando os animais ficam tão assustados com alguma coisa que perdem toda a capacidade de controlar o corpo e fugir em sobrevivência. A mente foge primeiro. Na natureza, esses animais costumam virar comida de outros rapidinho.

Apesar disso, não presuma que um cão medroso não pode ser perigoso. Todos os animais que se sentem ameaçados, mesmo que aparentemente paralisados de medo, ainda podem atacar com tudo em um último esforço de sobrevivência. Se não houver correção, o cachorro corre o risco de se tornar medroso-agressivo, o que pode ser uma combinação muito ruim com humanos com tendência a sentir pena e reconfortar animais assustados.

Pode ser difícil, se não impossível, seres humanos e cães medrosos terem um relacionamento satisfatório. A confiança está no cerne da resolução dessa questão. Tudo parece bem, mas de repente o cão explode por um movimento errado do humano. Estabelecer um vínculo de confiança pode ser extremamente difícil nesses casos. Além disso, viver em constante estado de ansiedade é prejudicial para o animal, elevando o ritmo cardíaco, mantendo a respiração acelerada e fluxo constante de adrenalina no sistema. Dizemos que um ser humano com os mesmos sintomas está estressado, e não é diferente com os cachorros. Ansiedade constante, sem alívio, pode ser fisicamente perigosa, e até fatal.

Ansiedade: as causas

Ansiedade e medo extremos normalmente estão relacionados com baixa autoestima, o que, para os cães, significa incerteza em relação a seu status. Isso pode ocorrer por várias razões. Talvez tenham sido tirados da mãe cedo demais, e por conta disso não aprenderam a experimentar o mundo primeiro pelo nariz, depois pelos olhos e então pelos ouvidos. Também podem ter perdido a socialização adequada que ocorre por meio de ações maternas de alimentação, limpeza e correção. Eles podem ter ainda baixa autoestima se tiverem passado por abuso ou isolamento muito cedo na vida. Como o problema está tão profundamente enraizado no início da vida do animal, casos de ansiedade levam muito mais tempo para ser resolvidos do que outras questões, como a agressividade. Costumo ver resultados com um cão agressivo na primeira meia hora. Casos de ansiedade podem levar meses.

Superando a ansiedade

A melhor maneira de lidar com a baixa autoestima de um cachorro é por meio do poder do bando — nesses casos, o poder da matilha do cão. Um treinamento estruturado com outros animais da espécie vai ajudar na socialização, dando exemplos a cães ansiosos de como se comportar. Isso significa trabalhar com um treinador, por isso você deve escolher um profissional que também o ajude a encontrar a energia certa em si mesmo e o ensine a se treinar como treina seu cão.

Conforme a autoestima de um cão ansioso começa a melhorar, você pode começar a expor o animal a diferentes estímulos. A es-

> Arquivo de casos de Cesar

Luna

Um dos cães mais ansiosos e medrosos com os quais já trabalhei foi Luna, uma labradora mestiça amarela de 1 ano e meio. Ela fora adotada ainda filhote na Sociedade Humana de Pasadena por Abel Delgado, que a escolhera porque a cadela o fizera lembrar de si mesmo quando jovem. Ele me contou que cresceu em uma grande família de imigrantes mexicanos em Los Angeles. Seus pais trabalhavam o tempo todo, então ele tinha de cuidar dos irmãos mais novos, constantemente preocupado com o que estavam ou deveriam estar fazendo.

Abel agora é professor de música, maestro e flautista e trabalha com crianças em idade escolar em sua própria fundação sem fins lucrativos, e conseguiu superar os problemas de ansiedade que enfrentava quando jovem. Luna, no entanto, não se deu tão bem. Como Abel descreveu, ela morria de medo de qualquer coisa que se movia ou fazia barulho — basicamente, qualquer coisa viva. Todos os objetos com rodas — bicicletas, patins, caminhões — a deixavam em pânico nos passeios, e sua única preocupação era fugir, sem levar em conta a própria segurança.

Um dia, durante uma caminhada, a coleira de Luna arrebentou e ela correu para o meio do trânsito, sendo atingida de raspão por um carro. Em seguida, desapareceu do outro lado da rua. Felizmente, Abel a encontrou sem ferimentos. Mas ficou claro que o problema de Luna era a forma mais extrema desse tipo de ansiedade: sua resposta de fuga anulou completamente seu senso de autopreservação, e ela literalmente fugiu de um perigo indo direto para outro. Foram dois meses contínuos no Centro de Psicologia Canina, mas Luna pôde voltar à vida com Abel e agora consegue até ir com ele ao trabalho, onde o observa com calma enquanto ele rege uma grande e barulhenta orquestra estudantil.

teira é ideal para esse tipo de trabalho. Uma vez que o cão esteja confortável andando na esteira em um ritmo constante, você pode começar a introduzir sons ou objetos que desencadeiam a resposta de fuga, com o objetivo de fazer com que o animal não reaja a eles. A razão pela qual isso funciona é que a ação de andar na esteira envolve o cérebro do cão no ato de seguir em frente, que é o oposto da resposta de fuga. Assim o cachorro será condicionado a associar o estímulo anteriormente aterrorizante com a ação de mover-se em direção a ele.

Mais adiante, comece a expor o cão a diferentes situações, em pequenos passos. Se possível, conte com um amigo ou treinador com outro cão, caminhem juntos em ambientes com outros cachorros, depois com outras pessoas. Encontre lugares com barulhos ou odores incomuns, ande próximo a uma ciclovia ou pista de patins. Com humanos calmos e assertivos e outro cão equilibrado no grupo, o cão ansioso começará a confiar em si mesmo em tais situações. Esse também é um dos poucos momentos em que recomendo usar uma guia retrátil, mas com moderação e cuidado — o objetivo é encorajar o animal ansioso a se afastar de você para explorar e, ao mesmo tempo, a voltar quando ficar assustado, ou quando você o chamar de volta.

Cães ansiosos com frequência se dão bem com *agility*, porque esse tipo de exercício lhes proporciona um conjunto claro de metas a cumprir. Comece aos poucos, com apenas um ou dois conjuntos de desafios, e então expanda gradualmente o trajeto. E lembre-se: você não está treinando o próximo campeão mundial de *agility*, esse não é o objetivo. Você está dando a seu animal de estimação uma série de pequenos objetivos, e a confiança dele vai aumentar à medida que realizar cada um com sucesso.

Se seu cão não fica ansioso em casa, mas apresenta comportamento hesitante quando sai, você pode tentar usar o nariz dele para aliviar o problema. Comece colocando uma ou duas gotas de um perfume satisfatório, como óleo de lavanda, em sua mão antes dos eventos agradáveis ao cão, como a hora da refeição. Deixe o animal explorar o cheiro e se acostumar a ele. Então, associe o aroma à experiência de sair para passear da mesma forma, ou seja, colocando duas gotas na mão antes de pegar a coleira. Durante a caminhada, se você vir uma situação que normalmente faz seu cão entrar em pânico, leve o cheiro até ele (antes do pânico) e use isso para distrair a mente do animal por meio do olfato e da associação agradável criada anteriormente.

Por fim, sempre que seu cão entrar em um estado de medo, não tente fazê-lo se sentir melhor com carinho. Em vez disso, mantenha a energia calma e assertiva e aplique minha técnica "não toque, não fale, não faça contato visual". Ao contrário dos humanos, quando os cachorros recebem carinho, interpretam-no como aprovação ao seu comportamento naquele instante, e não como uma tentativa de fazê-los se sentir "bem". Então, se você afaga seu cão e lhe diz "Está tudo bem" quando ele está no modo assustado, o que ele entende é o seguinte: "Tudo bem agir dessa maneira. Vou lhe dar carinho porque você está com medo". Isso só reforça o comportamento indesejado.

O medo é uma emoção poderosa em humanos e cães, mas esses últimos não são capazes de interpretá-lo. Esses animais têm apenas duas reações instintivas ao medo: atacar a fonte ou fugir dela. Em uma matilha, alguns cães são protetores. Os que não têm tal característica não se preocupam se deveriam ou não ser assim quando o perigo se aproxima. No entanto, fora do bando os cães podem não ter a menor ideia do papel que deveriam desempenhar. Quando essa incerteza se combina com um estímulo ameaçador, o cachorro pode entrar em pânico e, em seguida, perder toda a autoconfiança em relação a saber como agir em determinado momento. Embora seja um problema difícil de resolver, até o cão mais tímido e ansioso pode ser reabilitado com tempo, paciência e as ferramentas certas.

Mau comportamento nº 4: **Medo de ruídos altos**

O trovão é um dos sons mais impressionantes da natureza. Se você já esteve ao ar livre, longe de uma grande cidade, durante uma tempestade de trovões, já ouviu o estrondo profundo que parece explodir de todos os lugares e vir em ondas. É quase um som vivo, e pode ser maravilhoso ouvi-lo se você não tem medo e entende que é produzido quando o raio atinge e aquece o ar. Mas, para muitos cães, esse barulho é aterrorizante.

Não é raro que cachorros apresentem medo extremo na presença de sons altos e inesperados. Além de trovões, fogos de artifício, tiros, escapamento de carro ou qualquer ruído abrupto também podem causar essa reação. Não é por acaso que, nos Estados Unidos, o 4 de Julho e seus fogos de artifício coincidem com o dia em que o maior número de cães foge de casa no ano.

Não é divertido ver um cachorro calmo e feliz virar uma pilha de nervos durante uma tempestade repentina ou uma celebração. Infelizmente, uma vez que o animal tenha chegado a esse estado, pode ser muito difícil acalmá-lo. Como mencionei, o carinho não vai fazer nada além de reforçar o estado instável. E, infelizmente, embora possamos prever as festividades, não somos capazes de prever o clima com exatidão. Se você conseguir fazer isso, provavelmente poderá ter seu próprio programa de TV como o Encantador de Tempestades!

Medo de ruídos altos: as causas

Os seres humanos sabem que o trovão é um fenômeno completamente natural. No entanto, para muitos animais, cães inclusive, um barulho alto como esse pode induzir um medo primal. Eles não associam o relâmpago com a explosão de som. Para eles, o barulho vem de todos os lugares, de modo que não há onde se esconder.

Além disso, o som vem de cima, que é a direção por onde os predadores geralmente atacam.

Superando o medo de ruídos altos

Ao contrário de outros problemas, lidar com o medo de ruídos altos pode ser difícil, pois os barulhos são imprevisíveis ou ocorrem apenas uma vez por ano. No entanto, você pode se planejar com antecedência para as festividades, e nunca é cedo demais para começar. Preparando seu cão agora para futuros fogos de artifício, você vai evitar uma série de transtornos, bem como ajudar a mitigar problemas com outros barulhos inesperados.

Você pode começar a qualquer momento, acostumando lentamente seu cão a ruídos. Baixe no computador sons de fogos de artifício, trovões, explosões e outros ruídos altos e comece a tocá-los em volume baixo enquanto seu cão está envolvido em uma atividade prazerosa, como comer ou brincar. Aumente gradualmente o volume a cada dia, até que o animal pareça confortável e não se distraia com os sons.

Se uma tempestade inesperada surgir, tente distrair o cachorro enquanto ela durar. Trabalhe com ele os comportamentos de obediência, como sentar ou balançar o rabo, e recompense-o com guloseimas. Coloque uma mochila nele ou ponha-o na esteira. O objetivo é voltar a atenção dele para algo diferente do trovão. Você também pode usar o nariz do animal para distraí-lo do barulho, expondo-o a aromas agradáveis, como lavanda ou pinho. Se necessário, mantenha o animal na coleira a seu lado, mesmo em casa. Isso vai ajudar a evitar a fuga e vai mantê-lo na presença de sua energia calma e assertiva.

Lembre-se de que você tem uma vantagem como humano: pode usar o relâmpago para dizer ao animal que o trovão está chegando e, mantendo a energia calma e assertiva enquanto espera pelo barulho, transformar isso em uma brincadeira com seu cão. Diga:

"Está chegando, está chegando!" e, quando o trovão estourar, comemore com ele. O animal vai começar a associar o barulho com o carinho, e você vai demonstrar sua ausência de medo com energia positiva.

Em um dia que você saiba que haverá fogos de artifício, leve o cão para uma longa caminhada bem antes do início da celebração e drene a energia dele. Se você costuma andar por uma hora e meia, caminhe por duas horas. O objetivo é que o animal fique tão exausto que seu cérebro não vai sequer registrar os fogos de artifício. Você também pode usar protetores auriculares para cães para reduzir a intensidade do som, o que às vezes é suficiente para impedir uma reação de fuga. E, claro, certifique-se de que o animal esteja sempre com identificação, de preferência um microchip, caso o barulho o leve a fugir.

Embora ocorram barulhos altos na natureza, muitos cães se assustam com eles e tentam fugir quando possível. No entanto, drenando a energia do animal com exercício, levando sua atenção para outro lugar ou lentamente o acostumando com os ruídos, você pode progredir muito para minimizar eventuais reações negativas, de modo que uma tempestade de verão ou um show de fogos de artifício se tornem apenas mais um barulho.

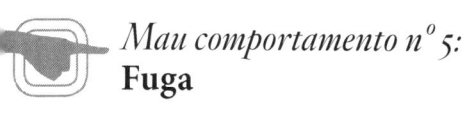

Mau comportamento nº 5: Fuga

Alguns cães são corredores e vão se mandar na primeira oportunidade que tiverem. Em alguns casos, o comportamento é oportunista, e o animal aproveita uma porta aberta para sair e explorar. Outras vezes, o cão vai diligentemente tentar escapar, escavando ou saltando por cima de uma cerca. Você já deve ter visto comportamento semelhante por aí: uma pessoa correndo freneticamente

Cercas que não são seguras podem ser uma tentação irresistível para cães que gostam de vagar ou caçar.

atrás de um cachorro na hora de ir para casa, e o cão se recusando a voltar, não importa quantas vezes a pessoa o chame, transformando isso em um jogo de pega-pega.

Na verdade, é mais perigoso para um cão fugir no mundo humano do que na natureza. Ele pode se perder, ou ser morto ou ferido correndo na rua. Talvez seja encontrado por outras pessoas e, sem a devida identificação ou microchip, pode nunca mais ser devolvido à família de origem. Cachorros que aproveitam cada oportunidade para fugir provavelmente vão acabar achando que estão no comando da matilha, e será impossível controlá-los ou discipliná-los em casa.

> **Arquivo de casos de Cesar**
>
> ## *Chula*
>
> Chula, uma shiba inu de 2 anos de idade, era um exemplo clássico de corredora, e saía como um raio pela porta da frente sempre que a encontrava aberta. Isso era uma grande preocupação para seus donos, Rita e Jack Stroud, porque Chula disparava sem olhar para onde estava indo. Se tentassem persegui-la, ela transformava aquilo em um jogo, correndo para ainda mais longe. Durante a caminhada, ela puxava, tentando investigar ou perseguir qualquer coisa que surgisse no caminho. Em casa, saltava de um móvel para outro, reivindicando cada um como dela.
>
> Nesse caso, logo verifiquei que Rita e Jack passeavam com Chula só uma vez por semana e não a desencorajavam a pular nos móveis. Como o shiba inu foi desenvolvido para ser um cão de caça especializado na descoberta de pequenas presas, os instintos naturais de Chula não estavam sendo satisfeitos. Os Stroud admitiram que a mimavam. Sem disciplina, a cadela estava realmente controlando a casa. Tudo ali dentro era seu reino, assim como tudo do lado de fora. Uma vez que seus donos estabeleceram regras, limites e restrições, o comportamento de Chula dentro de casa melhorou e sua tendência a fugir desapareceu. Agora eles podem até deixar a porta aberta que Chula permanece dentro de casa.

Fuga: as causas

Assim como acontece com muitos outros maus comportamentos caninos, as causas da fuga são a falta de liderança e de estímulo mental, além do excesso de energia. Ao contrário dos seres humanos, que saem para o trabalho ou para a escola e deixam os cães para trás, é muito raro na natureza que um ou mais membros de uma matilha deixem os demais e vão passear por conta própria. Não há nenhuma razão para isso. Se um cão vê algo para perseguir, ele alerta a matilha e todos vão caçar juntos.

Embora qualquer cão possa apresentar comportamento de fuga, determinadas raças — particularmente as dos grupos dos trabalhadores, hounds e caçadores — são mais propensas a sair correndo, pois seguem seu instinto inato de perseguir presas.

Superando a fuga

Primeiramente, castrar ou esterilizar seus cães vai reduzir a tendência a vaguear, sobretudo nos machos. Castrar seu animal, especialmente em uma idade precoce, elimina os sinais hormonais que podem induzi-lo a perambular em busca de um companheiro para acasalar ou a reivindicar seu próprio território. Cachorros castrados também são menos propensos a marcar território dentro de casa, a se tornar agressivos ou a entrar em brigas.

Depois, é necessário criar limites, construindo uma barreira invisível em cada porta. Para isso, os humanos da casa devem reivindicar essas portas como suas, treinando os cães para que não passem por elas sem permissão.

O início de cada passeio diário é o momento ideal para esse treinamento. Primeiro, o cão deve estar em um estado calmo e submisso e se sentar tranquilamente antes de você lhe colocar a coleira. Em seguida, conduza o cão até a porta e abra-a, mas não permita que ele saia. Faça com que ele se sente do lado de dentro da porta aberta e espere. Você sai primeiro. O cachorro não pode segui-lo enquanto você não lhe der um sinal claro e definido. Quando voltar para casa, repita o procedimento no sentido inverso. Abra a porta, mas não permita que o animal entre primeiro. Faça isso consistentemente toda vez que passear com o cachorro e sempre varie o tempo que o fará esperar antes de entrar e sair. Sobretudo no início, faça o cão esperar até que pare de fazer qualquer movimento na expectativa de sair e esteja focado em você.

Na caminhada, mantenha o cão próximo a você e use uma guia curta para manter a cabeça dele erguida. Não permita que ele fareje ou investigue qualquer coisa no chão na primeira parte do passeio. Continue andando, e o cão deve andar com você. Quando conseguir caminhar por um tempo com o cão a seu lado sem puxar, pode recompensá-lo, permitindo-lhe farejar brevemente o chão antes de voltar a avançar com ele a seu lado.

Você deve estabelecer limites na caminhada, particularmente nas esquinas, antes de atravessar ruas. Pare na esquina e faça seu cão ficar imóvel a seu lado até que esteja calmo e submisso, sentado, se possível. Ele não pode atravessar a rua até que você lhe dê permissão; apenas quando você começar a atravessar ele poderá seguir a seu lado. No início, talvez sejam necessárias algumas tentativas para fazer seu animal parar e reconhecer o meio-fio, mas, se você for consistente e fizer isso em cada cruzamento, chegará o dia em que ele vai parar antes do seu comando, reconhecendo os limites que você definiu.

Enquanto estiver trabalhando em criar esses limites, você também deve se empenhar na ação de o cão voltar quando o chamar. Isso vai ajudar a reduzir a tendência do animal a brincar de pega-pega. Para treiná-lo a voltar, você pode usar uma guia longa. Afaste-se do cão o máximo possível e chame-o. Se ele não voltar, enrole a guia e, a seguir, afaste-se e repita o procedimento. Quando ele for até você assim que o chamar, recompense-o com carinho ou uma guloseima.

Assim que a espera antes de sair porta afora for um hábito de seu cão, trabalhe com ele a espera do lado de fora da porta. Pode usar uma guia longa para esse exercício também. Deixe seu cão sentado perto da porta e se afaste. Se ele começar a sair do lugar, corrija-o e faça-o voltar. Faça isso o tempo que for necessário até que o animal permaneça no local. Muitas vezes, quando o cão entende o que se espera dele, fica calmamente deitado no lugar.

Reforce esse comportamento de espera em todas as oportunidades que tiver. Se levar seu cachorro para um lugar estranho com porta ou portão, faça-o esperar. Também deve fazer o mesmo no carro, deixando o cão entrar ou sair apenas quando você lhe der permissão.

Se você está preocupado com o fato de que seu cão possa fugir, um dispositivo de rastreamento por GPS é um investimento que vale a pena. Usados como coleira, esses aparelhos contam com um rastreador e conexão *wireless*. Se seu animal sair da área designada, o dispositivo será ativado e enviará um sinal para seu celular ou computador mostrando a localização atual do cachorro.

Como animais gregários com instinto territorial, os cães não são naturalmente inclinados a fugir de casa. No entanto, sem o exercício adequado, a disciplina, o estímulo mental e as regras, podem fugir simplesmente por tédio, à procura de algo mais interessante em outro lugar. Se você atender às necessidades do animal e se assegurar de que fique equilibrado e satisfeito, ele não terá razão para fugir. Se criar regras e limites em relação a entrar em casa e sair dela, seu cão será muito menos inclinado a tirar proveito de uma porta aberta.

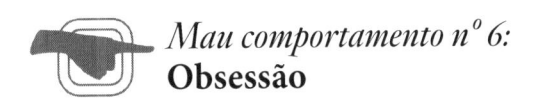

Mau comportamento n° 6: Obsessão

A obsessão nos cães é diferente da dos seres humanos. Costumamos dizer que os humanos estão obcecados quando apresentam forte interesse em um *hobby*, em um artista de cinema ou em time de futebol. Com exceção de casos extremos, esse tipo de obsessão não interfere no dia a dia. No entanto, como os cães não intelectualizam ou racionalizam seu comportamento, a obsessão pode interferir — e geralmente interfere — em sua vida e na vida de seus proprietários.

O que entendemos por "obsessão" em cães? É quando se fixam em determinado comportamento, empacados em um estado mental que os mantém focados nisso. O comportamento obsessivo pode assumir muitas formas: perseguir sombras, luzes ou reflexos, correr ou andar em círculos constantemente e se lamber e se morder sem causa física, como um problema de pele ou um corte. Quando os cães atingem esse nível de obsessão, eliminá-la pode ser muito difícil.

Obsessão: as causas

Existem duas causas principais para a obsessão em cães. Uma é o excesso de energia, que o animal precisa liberar. Nesse caso, ele vai se engajar no comportamento até ficar exausto. Esse tipo de obsessão normalmente é o mais fácil de corrigir. A segunda, e mais difícil, é a insegurança, que pode se desenvolver devido a um trauma ou evento indutor de pânico, especialmente se ocorre quando o cão é jovem. Cachorros que apresentam um comportamento inseguro e obsessivo nos mostram que lhes falta uma liderança forte e direcionamento, por isso estão focados, de forma doentia, em algo que lhes traz uma falsa sensação de segurança.

Às vezes, a insegurança pode levar ao excesso de energia e alimentar o ciclo da obsessão. Quando um cão está em constante estado de alerta, produz energia em excesso, como se usasse cafeína — sempre ansioso, sempre à procura de um objeto de obsessão. Assim, muitas vezes os cachorros obcecados por causa da insegurança também chegam a um estado de excesso de energia, e isso se torna um círculo vicioso: a insegurança alimenta a obsessão, que leva a um estado de ansiedade, o que gera excesso de energia, que alimenta a obsessão, e assim por diante.

Quando o clima fica muito quente, esse ciclo pode ser realmente perigoso, levando o cão ao superaquecimento. Um estado mental inadequado talvez desencadeie de fato um perigo físico — mas o problema pode ser resolvido.

Superando a obsessão

Para ajudar seu cão a recuperar o equilíbrio, você deve em primeiro lugar descobrir a causa do comportamento. Seu cachorro é inseguro, tem excesso de energia, ou uma combinação de ambos? Concentrar sua atenção na causa vai ajudá-lo a determinar a melhor solução.

Se você acredita que a causa é o excesso de energia, certifique-se de que seu cão está fazendo bastante exercício com longos passeios e então redirecione a atenção dele a qualquer sinal de comportamento obsessivo para o estado mental calmo e submisso desejado. Os cães que constantemente cavam no quintal em geral são frustrados porque não praticam exercício suficiente. Se tiver um animal de raça forte, que gosta de correr e aguenta mais que você na caminhada, tente colocar uma mochila nele antes de sair para passear. Como alternativa, o animal pode rebocar você de bicicleta ou de patins para ajudar a esgotá-lo antes que você fique muito cansado. Você também pode ajudar a redirecionar a obsessão lhe proporcionando desafios mentais, como um brinquedo de borracha mastigável com uma guloseima escondida dentro.

Para reabilitar um cão obsessivo, é necessário tirá-lo desse estado mental quando o comportamento está prestes a acontecer, e a caminhada é o momento ideal para começar. (Se seu animal não apresenta comportamento obsessivo na caminhada, parabéns. Já é meio caminho andado.) Isso vai exigir uma guia curta e uma coleira no alto do pescoço, como a coleira Illusion. Use-a para aplicar

Arquivo de casos de Cesar

Brooks

Por que a insegurança leva à obsessão? Por causa do controle. Tendo se assustado com algo que lhes está fora de controle, os cães podem se tornar neuróticos, procurando até encontrar alguma coisa que consigam controlar ou que pelo menos não possa se voltar e atacá-los. Lidei exatamente com isso no caso de Brooks, um boiadeiro de Entlebuch de 5 anos de idade, que perseguia qualquer tipo de luz ou reflexo, muitas vezes correndo em cima de pessoas, móveis ou paredes em sua obsessão.

Quando me encontrei com os proprietários de Brooks, Lorain e Chuck Nicholson, rapidamente descobri a causa do problema. Quando filhote, Brooks se assustou pela primeira vez ao ser apresentado muito rapidamente ao cão de um vizinho e depois com um carro saindo da garagem. Ele se tornou tímido e medroso — e, mais tarde, o cunhado de Lorain lhe apresentou a brincadeira de perseguir o apontador a *laser*, da qual Brooks gostou, mas em demasia.

Tendo se assustado com coisas grandes fora de seu controle, Brooks havia descoberto algo pequeno e inofensivo. A luz o atraiu à perseguição porque ele aprendeu que poderia assumir o controle e ser dominante nisso. Quando a luz não estava lá, ele a procurava ativamente, entregando-se à obsessão por algo semelhante, como o brilho lustroso de um piso de madeira. Mesmo no passeio, Brooks estava em constante alerta, perscrutando o terreno para encontrar qualquer sinal de luz para perseguir. Brooks respondeu quase que imediatamente ao redirecionamento de sua obsessão quando comecei a corrigi-lo, e os Nicholson conseguiram resolver o problema em um ou dois meses de correção consistente e estabelecimento de regras, limites e restrições.

uma correção com um leve puxão logo que o cão exibir qualquer sinal de que vai entrar no estado obsessivo. Se você der o puxão cedo ou tarde demais, a técnica não vai funcionar. É preciso ter a noção exata do tempo.

Em obsessões que envolvem perseguição a coisas, seu animal vai tentar perscrutar o chão com os olhos. Assim, mantenha a cabeça dele para cima, os olhos à frente, avançando com você. Se ele tentar abaixar a cabeça ou olhar em volta distraidamente, aplique a correção. É importante fazer isso no instante em que perceber que ele começa a entrar no estado mental indesejado, e é vital ser coerente na correção.

No início, seu cachorro pode tentar "ganhar" ultrapassando-o e conseguindo o que deseja. Não desista, não se renda. E, mais importante, não fique frustrado se seu cão não conseguir da primeira vez. Mantenha a energia calma e assertiva em todos os momentos e lembre-se: seu cão não vai ficar ressentido se você mostrar uma liderança forte. Na verdade, um animal inseguro vai apreciar isso, porque é exatamente do que necessita. Siga com esse processo na caminhada até que não tenha mais de aplicar a correção para tirá-lo da obsessão.

Enquanto isso, você também terá de lidar com a obsessão de seu cão em casa, de forma similar. Com a mesma guia e coleira, dentro de casa, leve-o aos locais onde ele se entrega ao comportamento obsessivo, aplicando mais uma vez a correção assim que ele começar a entrar nesse estado. Você terá de fazer isso em todos os cômodos onde o cão possa entrar para lhe ensinar que ele não deve se entregar à obsessão só porque está na cozinha, por exemplo.

Com o tempo, em vez de focar a obsessão, o animal deve começar a se concentrar em você, mostrando energia calma e submissa. É quando você pode lhe oferecer um elogio, uma guloseima ou o que quer que sirva de reforço positivo. Como líderes de matilha, temos de redirecionar essa energia e ensinar a nossos cães que eles não precisam perseguir reflexos ou correr em círculos para que tudo fique bem em seu mundo.

Mau comportamento nº 7: Acumulação

Alguns cães desenvolvem comportamentos de acumulação, escondendo comida, brinquedos ou guloseimas, "enterrando-os" em móveis (por exemplo, debaixo de lençóis ou almofadas do sofá) ou escondendo-os em cantos, armários ou lugares ocultos. Mais de um proprietário já foi para a cama e encontrou um montinho de ração sob o travesseiro, ou já deu uma olhada debaixo da cama e encontrou todos os brinquedos "perdidos" do cão.

Permitir que o cachorro acumule coisas dessa forma pode torná-lo possessivo ou agressivo em relação ao alimento escondido, protegendo seu estoque de qualquer um que se aproximar. Isso também pode causar bagunça e não ser higiênico, especialmente se você alimenta seu cão com comida úmida ou natural, ou lhe dá ossos. Imagine como pode ser desagradável ter um cheiro não identificado pela casa e descobrir, meses depois, que ele resulta de uma pilha de comida úmida escondida em um armário. (Bem, o cheiro é desagradável para os humanos. Insetos e roedores vão considerá-lo um banquete, o que é outro motivo para não permitir a prática.)

Finalmente, embora o interior de uma residência não seja como uma floresta, com terra macia por todo lado, seu cão não vai necessariamente perceber isso. A almofada do sofá pode parecer terra para ele, assim como o tapete. O cachorro não vê nada de errado em rapidamente rasgar o estofamento. Ele não se importa se é um sofá de couro italiano de três mil dólares ou um de trezentos de uma loja popular. No momento, ele está apenas se entregando a um instinto natural de escavar e enterrar. O cachorro pode causar sérios danos a um tapete, mas tapetes também podem causar sérios danos ao nariz do animal se ele tentar escavá-los.

Acumulação: as causas

O acúmulo de coisas tem suas raízes no comportamento dos cães selvagens, e é um remanescente evolucionário. Na natureza, não existe uma fonte segura de alimentos. O bando caça. Às vezes, encontra pouca ou nenhuma comida; às vezes, tira a sorte grande e encontra superabundância. Assim, é muito natural para a matilha selvagem esconder comida extra para ter naqueles momentos em que a caçada não for bem-sucedida, e o esconderijo mais comum é um buraco cavado.

Em geral, nossos cães domésticos modernos não enfrentam problemas de abastecimento irregular de alimentos. Estamos ali para lhes dar ração ou comida em uma programação diária mais ou menos consistente. No entanto, o desejo inato de garantir que haverá alimento em tempos de caçadas magras pode levar alguns animais a guardar alguma porção extra. Sobretudo por sempre ter uma fonte de alimentação adequada, cães com esse impulso talvez até escondam um pouco de comida antes de começar a se alimentar, pegando um bocado e correndo para outro cômodo. Eles fazem isso não porque não gostam de ser vistos enquanto comem, mas para proteger esse excedente imaginado.

Superando a acumulação

Para lidar com o comportamento de acumular brinquedos, você também deve assumir o controle deles. Assim como em parte do processo de lidar com a agressividade, precisa recolher os brinquedos que o animal acumulou e colocá-los em um lugar fora do alcance dele. Permita que seu cão tenha apenas um ou dois brinquedos por vez — de qualquer forma, ele não pode brincar com mais de um ao mesmo tempo. Como não terá brinquedos extras, ele vai manter o foco nos que houver à sua frente e resistir ao desejo de escondê-los, porque não terá outros se fizer isso.

A melhor maneira de acabar com o problema da estocagem de alimentos é assumir o controle e estruturar as refeições de seu cão. Leve-o sempre para uma longa caminhada antes, o que vai lhe permitir trabalhar pela comida. Quando voltar para casa, prepare a refeição e, a seguir, faça o animal se sentar e aguardar antes de encher a tigela. Quando ele conseguir ficar sentado calmamente, projetando energia calma e submissa, coloque a tigela na frente dele. Assim que ele parar de comer e se afastar, a refeição estará terminada. Retire a tigela e não o alimente novamente sem repetir todos esses passos.

Ao retirar o alimento quando seu cão para de comer, você também está removendo a tentação dele de voltar mais tarde e esconder as sobras. Sempre haverá apenas comida suficiente, mas nunca o bastante para um "momento de dificuldade".

A acumulação é um dos comportamentos em que os instintos mais antigos do cão colidem com o mundo moderno. O resultado irônico de alimentar tão bem nossos animais é que isso pode provocar neles uma mentalidade de fome, porque os cachorros vivem o momento. Eles não lembram que você lhes deu uma enorme tigela de comida ontem nem sabem que vai fazer o mesmo amanhã. Em vez disso, veem um enorme prato de comida diante deles agora, o que representa uma oportunidade de não passar fome se conseguirem guardar o alimento que sobrar. Assumindo o controle das regras de alimentação, você vai eliminar o comportamento indesejado de acumulação e também ajudará a impedir que o animal fique obeso. Ou seja, dois benefícios ao preço de uma solução.

Mau comportamento nº 8: **Latido excessivo**

É um fato da vida: cães latem. É uma de suas formas de comunicação, com muitas causas possíveis e vários significados. O latido pode ser simplesmente uma resposta a um estímulo repentino, como o carteiro na porta, ou um alerta, um pedido de ajuda. Na matilha, no entanto, os cães normalmente não se comunicam entre si latindo. Ao contrário, quando um bando começa a latir, o grupo todo está respondendo a um estímulo ou a uma ameaça externa.

Obviamente, o ladrar do cachorro não deve ser completamente desestimulado, e é muito útil no tempo e lugar adequados. Já ouvi mais de um policial dizer que um cão com latido profundo e agressivo é o melhor sistema de segurança do mundo. Esses animais usam seus latidos para alertar os seres humanos de outros perigos, como incêndios domésticos, e alguns cachorros de serviço latem para alertar seus donos sobre problemas médicos, como uma crise epiléptica iminente ou uma queda de açúcar no sangue.

Esses são exemplos de momentos e lugares adequados. No entanto, não queremos que o nosso animal de estimação fique latindo constantemente sem motivo aparente, ou que continue fazendo isso por muito tempo depois que o momento apropriado passou. Esses latidos excessivos podem causar danos às cordas vocais do cão. Também podem causar problemas com os vizinhos e levar a multas ou à apreensão do animal.

Latido excessivo: as causas

Como eu disse, os cães ladram por muitas razões, mas o latido excessivo tem uma variedade de causas, incluindo energia reprimida, frustração, ansiedade de separação ou tédio. O latido obsessivo é a manifestação do cão dizendo: "Minhas necessidades não estão sendo atendidas", repetindo isso vezes e mais vezes, sem parar. Você só precisa descobrir quais são essas necessidades, proporcionar a correção e atendê-las.

Superando o latido excessivo

Primeiro, observe a situação em que os latidos ocorrem. Se seu cão fica latindo sem parar quando você não está em casa, pode ser sinal de ansiedade de separação, que será tratada a seguir neste mesmo capítulo. A chave para reduzir ou eliminar os latidos quando você não está em casa é assegurar que o animal esteja equilibrado por meio de minha receita de satisfação: exercício, disciplina e carinho, nessa ordem. Exercite seu cachorro com um passeio vigoroso antes de sair de casa, arranje um lugar para onde ele vá quando você sair e, então, lhe dê carinho ao retornar, mas apenas se ele atingir um estado calmo e submisso.

Se o cão fica latindo na sua presença, há muitas maneiras de você lidar com o problema, começando por ficar calmo durante a aplicação da correção. Com muita frequência vejo uma pessoa corrigir um cão gritando: "NÃO!", o que, especialmente no caso de latidos, não leva a nada. Por quê? Porque um cão agitado já não está ouvindo a correção. Ao contrário, ele ouve você se juntando ao latido ao fazer um barulho alto. Quando tenta resolver o problema acrescentando ruído, você está apenas incentivando o comportamento.

Comece corrigindo seu animal e detenha o latido com um olhar, um som como "Shhh!" ou um toque. Enquanto o barulho continuar, a correção continua, mas de modo calmo e assertivo. Na verdade, você pode obter melhores resultados com um "não" muito baixo e tranquilo claramente dirigido ao cão, porque isso soa mais parecido a um grunhido de advertência do que a um latido alto e não demonstra energia agitada de sua parte.

Se seu cão continuar latindo sob o mesmo estímulo depois que você tentou corrigi-lo, reivindique o estímulo para si. Em outras

> **Arquivo de casos de Cesar**
>
> ## *Kuma*
>
> Tratei um caso típico de latido excessivo com Jason Zulauf, um artista do Cirque du Soleil em Las Vegas, do espetáculo KÀ. Sua cadela da raça esquimó americano, Kuma, latia para tudo, especialmente para os visitantes, e não parava quando corrigida, só se acalmando ao ficar exausta. Jason descreve seu personagem no espetáculo como um bufão mas adorável palhaço, uma versão exagerada de si mesmo. Infelizmente, ele levava esse personagem e essa energia para casa, deixando Kuma preencher a lacuna de liderança. Comecei ensinando Jason a usar a energia calma e assertiva para reivindicar a posse de seu espaço, particularmente perto da porta da frente. Ele também não andava exercitando Kuma o suficiente, mas admito que isso pode ser um desafio em um lugar como Vegas, com seu clima de verão extremo. Jason e Kuma apresentaram progresso. Poucos meses depois, embora ela não estivesse completamente reabilitada, seu comportamento foi minimizado e estava muito mais sob o controle de Jason.

palavras, use sua energia, sua linguagem corporal e a intenção de direcionar o foco do animal para longe do estímulo, efetivamente criando uma barreira entre ele e a causa dos latidos. Voltando a atenção do animal para longe da causa, você lhe diz que aquilo não o afeta.

A causa do latido também fornece uma importante pista sobre o estado de espírito do animal. Se ele fica no fundo do quintal latindo incessantemente para os vizinhos, isso significa que está sendo intelectualmente satisfeito pelo que está acontecendo por lá, mas não pelo que ocorre em casa. Ele está à procura de emoção e desafio e os encontra em outro lugar. Mais uma vez, é hora de se certificar de que ele está fazendo exercício suficiente por meio da caminhada e de que tem em casa o bastante para interessá-lo, assim não vai procurar nada em outro lugar. Se você achar que não está conseguindo controlar o latido excessivo sozinho, não hesite em contratar um profissional.

Assim como mastigar, latir é um comportamento natural para os cães, mas pode se tornar um problema quando é excessivo ou ocorre em momentos inapropriados. Dependendo da causa subjacente, você deve conseguir corrigir o comportamento proporcionando satisfação ao animal por meio da receita exercício, disciplina e carinho e de sua liderança calma e assertiva.

Mau comportamento nº 9: Ansiedade de separação

Na natureza, não é natural para os membros abandonar o bando, por isso não é normal para os cães quando os donos saem de casa. Embora muitos animais possam apresentar leves sinais de ansiedade assim que seus donos saem pela porta, isso não aumenta, e eles conseguem se ocupar até a matilha retornar. No entanto, para alguns cães, a ausência de seus humanos pesa muito, a ponto de desenvolverem o que é conhecido como ansiedade de separação. Em casos graves, o animal pode apresentar sinais até quando alguém sai da sala.

A ansiedade de separação se revela em sintomas como salivação excessiva, gemidos, latidos, destruição, tentativas de fuga, sendo que o cão pode ainda defecar ou urinar pela casa ou na cama e arranhar paredes ou portas. Em casos extremos, os cães até pulam pelas janelas.

É importante tratar a ansiedade de separação assim que a notar, porque ela pode ser muito destrutiva, tanto para a propriedade

Ansiedade de separação é mais do que apenas "sinto sua falta".

quanto para o animal. O cão que sofre de ansiedade de separação pode destruir móveis, sapatos, roupas, documentos, computadores e muito mais. Pode danificar paredes, portas e pisos e quebrar janelas. Sem dúvida, pode ferir a si mesmo em seus esforços frenéticos de fugir. Por fim, um cão que choraminga e late incessantemente pode acarretar queixas de vizinhos e uma visita do Centro de Controle de Zoonoses. Em algumas regiões, cães que fazem barulho em excesso podem ser apreendidos.

Ansiedade de separação: as causas

A ansiedade de separação acontece quando o cão tem excesso de energia e não recebeu orientação sobre como se comportar quando estiver longe da matilha humana. Consequentemente, logo que o bando sai, o animal faz o que puder para chamá-lo de volta ou segui-lo. A ansiedade de separação pode se agravar quando, em vez de oferecer disciplina, os humanos dão carinho ao cão pouco antes de saírem. Como o cão já está em estado de desequilíbrio, o carinho só reforça a energia negativa. Na verdade, você está lhe dizendo: "Fique ansioso, porque isso é uma coisa boa". Você não vai ofender seu cachorro se não se despedir. Quando dois cães interagem, eles encerram a reunião simplesmente se afastando. Esse é o jeito normal para eles.

Superando a ansiedade de separação

A melhor coisa que você pode fazer para minimizar a ansiedade de separação do animal é drenar a energia que a alimenta. Quando o cão acorda pela manhã, seu nível de energia pode estar no máximo. Objetive zerá-la com uma longa caminhada ou exercício antes de ir para qualquer lugar onde você vá passar o dia. Quando o nível de energia do animal atingir zero, é hora de descansar.

Você pode preparar o cão para isso treinando-o a ir para o espaço dele, deixando-o na cama ou na caixa para depois partir. O objetivo é que você possa ir embora sem que o animal saia daquele espaço. Comece aos poucos, deixando-o por um minuto ou menos, e depois vá aumentando o tempo. Quando conseguir que o cão fique quieto no lugar por quinze minutos, comece a sair de casa, aumentando mais uma vez o tempo aos poucos. Comece saindo por cinco minutos, depois dez, quinze, trinta.

Pode ser que seu cão não fique no lugar quando você sai por mais tempo. No entanto, se tiver associado o espaço com a sua ausência, o cão não vai sair para tentar encontrá-lo. Em vez disso, ele pode se levantar para investigar um ruído, beber um pouco de água ou apenas esticar as pernas, voltando em seguida para o lugar.

Quando se tratar realmente de sair de casa, diga tchau ao cão muito antes de ir. Quando ele estiver calmo e submisso depois do exercício, tudo bem lhe dar um pouco de carinho e dizer que vai sentir falta dele enquanto estiver fora. Claro, isso é mais para a sua

> **Arquivo de casos de Cesar**
>
> ## *Fella*
>
> Certa vez, fui chamado para tratar a ansiedade de separação de um cão que estava literalmente pondo em risco toda a família. Depois que os vizinhos reclamaram várias vezes dos gemidos incessantes, registraram uma queixa para expulsar Cindy Steiner e sua filha, Sydney, do prédio. O cachorro delas, um terrier misto de 1 ano e meio chamado Fella, exibia ansiedade de separação extrema quando deixado sozinho. Também era agressivo com outros cães e apresentava comportamento protetor sempre que Cindy o segurava, rosnando e mordendo quem se aproximasse. Felizmente, usando as técnicas que estou prestes a descrever, Cindy e Sydney conseguiram ensinar Fella a entrar em estado de repouso antes de sua matilha humana sair, e também mostrei a elas como usar uma caixa para criar um espaço seguro para o cão. Foram cerca de três semanas e meia para transformar Fella, mas eles ainda moram no mesmo apartamento e os vizinhos não acreditam que se trata do o mesmo animal.

satisfação que para a dele. Lembre-se: os cães não dizem adeus um ao outro. Depois de fazer o que precisar para se sentir melhor, siga sua rotina e aplique a abordagem "não toque, não fale, não faça contato visual". Se você não fizer drama para sair, seu cão também não fará.

Na natureza, os cães quase nunca se afastam da matilha, de modo que a separação dos seres humanos do seu bando pode lhes ser muito estressante. É nosso trabalho reduzir a energia que alimenta a ansiedade de separação e criar um lugar seguro para o animal durante a nossa ausência. Ao usar as dicas anteriores, lembre-se de projetar energia calma e assertiva. Isso vai construir a confiança de seu cão e ajudar a minimizar ainda mais sua ansiedade. Acima de tudo, deixe claro onde espera que ele fique e o que espera que faça enquanto você estiver fora, criando um lugar seguro associado à energia tranquila.

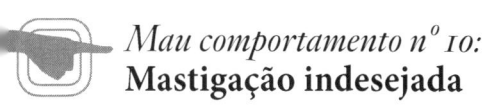

Mau comportamento nº 10: Mastigação indesejada

Mastigar é praticamente sinônimo de comportamento normal do cão e, realizada de maneira adequada e com objetos apropriados, é realmente algo bom de incentivar. Ajuda a fortalecer e limpar os dentes do animal, dá a ele um desafio intelectual e, no caso de filhotes, alivia dores e facilita a transição dos dentes infantis aos adultos.

No entanto, quando os cães usam os dentes em objetos inadequados, esse tipo de comportamento se torna uma das maiores dores de cabeça para quem os ama. Você deve saber como é voltar para casa e encontrar pedaços de seu par de sapatos favorito espalhados pela sala; a insubstituível almofada, presente de casamento de tia Maggie, rasgada; o carregador de seu notebook transformado em uma massa plástica.

Em tais situações, porém, disciplinar o cão no ato não traz benefício. O animal já esqueceu o que mastigou e não vai relacionar sua bronca súbita com as penas espalhadas por toda a casa. Na verdade, a disciplina aqui pode piorar a situação. Gritar com ele sem motivo aparente pode apenas deixá-lo nervoso, e o ato de mastigar pode ser a maneira de ele se acalmar. Se você errar o momento da disciplina, pode dizer adeus a outro sapato favorito.

A mastigação inadequada também pode ser muito perigosa para o cão. Ele pode quebrar algo em pedaços pequenos e engoli-los, o que acarreta problemas no esôfago, estômago ou intestinos. Pode pegar um cabo elétrico ligado na tomada, queimar-se ou eletrocutar-se ou dar início a um incêndio. Além do perigo físico para o animal, há também os custos financeiros da substituição de itens caros e os custos emocionais de perder coisas que não são substituíveis.

Portanto, o desafio aqui é assegurar que uma atividade absolutamente natural e saudável para ele permaneça voltada aos objetos certos, sem que você tenha de guardar tudo o que há na casa em lugares altos ou a portas fechadas sempre que for sair.

Mastigação indesejada: as causas

Na maioria das vezes, cães adultos usam a mastigação para se acalmar e dar à mente algo interessante para fazer. Isso pode ser remanescente do comportamento do cão de quando era filhote, época em que a ação de mastigar o ajudava a aliviar a dor nas gengivas por conta dos dentes novos que estavam nascendo. A associação com o fim de uma sensação desagradável na infância pode ser suficiente para levar o animal adulto de volta a um estado calmo e submisso. Calma e submissão são coisas muito boas e devem ser seu objetivo. Você só não deveria consegui-las ao custo da destruição de suas coisas.

Superando a mastigação indesejada

É mais fácil corrigir o comportamento quando você pega o animal com o objeto impróprio na boca, assim pode associar a correção diretamente ao ato. Isso não significa preparar uma armadilha deixando uma meia por aí, apenas indica o que fazer se você pegar seu cão mastigando algo que não deveria.

Já discutimos a importância de manter a calma. Aplique uma correção com um toque leve e suave dos dedos no pescoço ou na traseira do cão, levando a atenção dele para longe do objeto. Não tente arrancá-lo, a menos que ele o solte durante correção. Se não o fizer, redirecione a atenção do animal a um objeto apropriado, como um brinquedo ou uma guloseima, o que deve levá-lo a soltar o objeto e pegar o item oferecido no lugar.

Quando seu cachorro tiver soltado o objeto, reivindique-o como seu. Use sua energia e sua linguagem corporal para estabelecer uma conexão entre você e o objeto e deixe claro para o animal que aquilo pertence a você. Ajuda se imaginar uma barreira invisível ao seu redor e ao redor do objeto. Você também pode pegá-lo e segurá-lo próximo a seu corpo enquanto exibe energia calma e assertiva, deixando fisicamente bem claro que é seu. Se observar dois cães decidindo qual deles vai ficar com um brinquedo, você vai ver que o cão vencedor geralmente não usa mais que a linguagem corporal e a energia, sem ter de rosnar ou recorrer à agressividade. O animal vai simplesmente se posicionar sobre o objeto e, a seguir, lançar ao outro um olhar de advertência. Essa é sua maneira de dizer "É meu".

Se seu cão é um mastigador, lhe dê brinquedos seguros e apropriados para mastigar. Consulte o veterinário sobre objetos comestíveis, como ossos, couro cru e outros. Certifique-se de que os de borracha ou plástico sejam grandes o suficiente para que ele não consiga engoli-los, mas não tanto a ponto de ele ficar com o focinho ou mandíbula presos dentro, especialmente se tiverem um buraco. Tenha cuidado especial com brinquedos destinados a esconder guloseimas. Embora sejam interessantes, tenha absoluta certeza de que o brinquedo tem aberturas em ambas as extremidades, uma para o cão tentar pegar a guloseima e outra para deixar o ar entrar, de modo que não haja chance de se criar vácuo e prender a língua do animal. O respiradouro deve ter pelo menos o diâmetro do seu dedo mínimo.

Humanos adultos têm 32 dentes, mas cães adultos têm 42. Além disso, os dentes da frente de um cachorro são mais afiados e penetrantes que os nossos, e sua mandíbula, onde estão os molares, é muito mais poderosa que a do humano. Um homem pode quebrar um dente ao morder um cubo de gelo. Os cães podem facilmente partir um osso ao meio com os molares. Assim, biologicamente, é óbvio que os cachorros são capazes de mastigar; psicologicamente, consideram a ação calmante e interessante. Você não deve desencorajar o animal de exercitar a mastigação adequada, mas nunca permita que ele mantenha o hábito de mastigar objetos inadequados.

▶ Uma base sólida

Todos os cães se comportam mal de vez em quando. Mas, com as técnicas deste capítulo, você vai conseguir resolver os problemas quando aparecerem. Somando-as às leis, princípios e técnicas dos capítulos anteriores, você terá uma base sólida e métodos para criar equilíbrio em sua matilha, independentemente do que aconteça.

Todas essas ferramentas entram em jogo em cada aspecto de seu relacionamento com seu cão. Mas você sabia que pode usá-las em sua vida antes mesmo de ter um cachorro? No próximo capítulo, vou mostrar como aplicar todas essas práticas ao procurar o cão perfeito para o seu estilo de vida e para a sua energia.

6
ESCOLHENDO O CÃO CERTO PARA VOCÊ

EM UM SÁBADO À TARDE, RECEBI UM TELEFONEMA DE UM GRANDE amigo, o produtor de cinema Barry Josephson, que conheço há cerca de dez anos. Nós nos conhecemos no estacionamento de um restaurante em 2000, muito antes de eu ter um programa de TV e de que alguém soubesse quem era Cesar Millan. Ele foi um dos meus primeiros clientes "famosos".

Eu estava com uma matilha de cerca de doze cães na parte de trás de meu velho furgão. Não havia notado Barry, mas ele me observava enquanto eu dava a cada cão um comando para pular do carro estacionado. Cada um deles aguardou pacientemente até que eu desse o comando. Barry ficou impressionado. Desde então, venho treinando todos os seus cães.

Dois dos cães de Barry haviam falecido recentemente, e ele ainda estava sofrendo com a perda. O terceiro cão, um pit bull de nome Gusto, também estava triste. Barry me explicou que sua esposa, Brooke, sentia que Gusto estava sofrendo tanto que precisava de outro cão. Barry pediu a ela que esperasse até a minha volta de uma viagem ao exterior para que eu pudesse ajudar a família a encontrar o cão certo. No entanto, Brooke não suportava mais a situação e foi a uma organização de resgate adotar um filhote. Infelizmente para Brooke, a equipe de resgate lhe deu um cão de alta energia que não era compatível com Gusto. Quando ela levou o cachorro para casa, ele começou a mordiscar a filha deles, Shira, de 3 anos. Naturalmente, Gusto não ficaria indiferente e interveio para proteger a criança. Daquele dia em diante, Gusto ignorou o filhote. Embora os Josephson tenham percebido que o cãozinho não era bom para a família, decidiram abrigá-lo (mantendo-o a uma distância segura de Shira, é claro) até que pudessem encontrar o lar certo para ele.

Esse tipo de história se repete milhares de vezes, porque os seres humanos não entendem o processo completo de escolher o cão certo para eles. Não basta ir a um abrigo e escolher um animal; há muitas variáveis a considerar. Por exemplo, energias compatíveis se atraem; energias incompatíveis podem ser um desastre. Combine incompatibilidade com introdução indevida de um novo cão em sua matilha e você terá a fórmula para uma situação triste, mas muito comum, de um cão resgatado sendo devolvido ao abrigo. Quando você adota um cachorro, faz a promessa de cuidar dele por toda a vida. Você deve isso ao animal, e precisa escolher com muito cuidado.

A meu ver, a escolha de um cão tem três fases principais: a autoavaliação, a avaliação do cão e, finalmente, a ida para casa.

FASE 1: Autoavaliação

Esta fase começa com um olhar honesto sobre si mesmo e sua vida. Você deve considerar diversos aspectos de seu dia a dia e como um cão pode se encaixar nele.

Autoavaliação n° 1: **Isso é assunto de família.**

Quando você resolve pegar um novo animal, a decisão deve envolver todos os membros de sua matilha humana, pois cada um de vocês tem de ser líder. Todos devem estar de acordo. Se o pai prometeu um cachorro aos filhos, mas a mãe é contra, isso pode causar problemas, especialmente se as crianças se entediarem com as responsabilidades e a mãe acabar sendo a única a alimentá-lo e a passear com o animal, que ela não queria desde o início. Conversem francamente entre si sobre ter um cão e sobre quais membros da família poderão de fato contribuir.

Aqui estão os tipos de perguntas sobre as quais você deve refletir:

- Se você tem filhos, eles têm idade suficiente para a responsabilidade de compartilhar as funções de liderança e cuidados? Se ainda não, têm idade para entender que o cachorro não é um brinquedo e respeitar seu espaço?
- As crianças compreendem que o cão faz parte da família e não "pertence" mais a um filho que a outro?
- Haverá sempre alguém em casa com o cachorro, ou a família toda vai sair de manhã e voltar à noite?
- A família costuma tirar férias regulares? Se sim, vai modificar seus métodos de viagem e acomodações para que possa

levar o cão junto? O que fará se o animal ficar em casa? Vocês têm amigos responsáveis, parentes ou um canil de confiança que possam cuidar dele nesse período?
- ❖ Alguém na família tem alergias que tornariam impossível adotar certos tipos de cães? (Se sim, pesquise raças hipoalergênicas, como o cão de água português.)

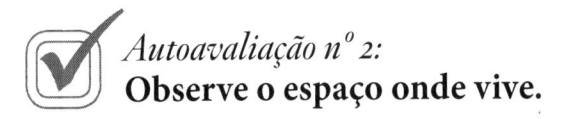

Autoavaliação n° 2: Observe o espaço onde vive.

Antes de começar sua pesquisa, você precisa entender as "regras, limites e restrições" do espaço onde vive. Certifique-se de que ali é permitido ter cães. Verifique seu contrato de locação, se for inquilino, ou leia o estatuto da associação de moradores quanto a quaisquer restrições. Por fim, certifique-se de que conhece as leis locais relacionadas a cães.

Em seguida, dê uma rápida olhada ao redor. Qual é a sua situação de vida? Apartamento pequeno ou casa grande com quintal? Bairro suburbano ou rural com grandes trilhas para caminhada e muita natureza, ou cidade grande com pedaços esparsos de grama e muito trânsito? Quando pensar em seu novo cão, tente imaginar que tipo de cachorro vai se adaptar bem ao espaço em que você vive. Um cão de alta energia em um lugar apertado certamente é uma má combinação.

Então, considere a disposição da sua casa. Há lugares que serão proibidos ao animal? Se sim, qual é o seu plano? Onde o cão vai passar a maior parte do tempo? Pensar nas "regras da casa" antes de iniciar a pesquisa vai ajudá-lo a ter uma ideia melhor do tipo de companheiro que está procurando.

Autoavaliação nº 3:
Leve em conta a sua energia.

Você também precisa considerar o estilo de vida e o nível de energia da família. Vocês são daqueles que preferem passar o tempo no sofá diante da TV, do computador ou do videogame depois do jantar e não saem dali até a hora de dormir? Ou são uma família ativa, que acorda cedo para fazer caminhadas todo fim de semana, vai à praia ou faz qualquer outra aventura? Você nunca deve adotar um cão com um nível de energia maior que o de seu próprio bando, a menos que esteja disposto a mudar seu estilo de vida para se adequar à energia do animal. Um dálmata ou um jack russell terrier, de alta energia, seriam uma má escolha para uma família de baixa energia, mas prosperariam com aqueles que apreciam caminhadas ao nascer do dia.

Observe com honestidade o estado emocional de sua família. Esse provavelmente é o fator mais importante de todos, porque a energia de sua casa vai afetar bastante o comportamento do cachorro. Em muitos dos meus casos, pude observar o cão e imediatamente saber que havia problemas primários de relacionamento na casa.

Você tem de ser honesto e determinar se existem questões não resolvidas na dinâmica da família, entre cônjuges, entre irmãos ou entre pais e filhos. Os cães captam facilmente a energia desequilibrada e, sentindo problemas no bando, tentarão assumir o papel de liderança. Isso frequentemente se evidencia com o cão tentando "proteger" o membro mais forte do bando humano do mais fraco, se tornando possessivo e, às vezes, agressivo.

Arquivo de casos do programa *O melhor amigo do cão*

Rosie, a staffie estressada

Um mês antes de começarmos a filmar o programa de TV *O melhor amigo do cão*, o produtor executivo Gregory Vanger e minha assistente de treinamento, Cheri Lucas, foram a Londres dar início à seleção de cães. A primeira parada foi no Animal Helpline, em Peterborough, na Inglaterra. Como acontece em muitos abrigos, a equipe de voluntários não possui o conhecimento necessário para resolver muitos dos problemas comportamentais que tem de enfrentar.

Durante a visita às instalações, Cheri conheceu Rosie, uma linda staffordshire terrier. Abandonada por sua primeira família em um abrigo, Rosie seria sacrificada em poucos dias, mas o Animal Helpline a tirou do canil e ficou com ela.

No entanto, o estresse da cadela estava começando a cobrar seu preço. Ela havia desenvolvido uma forma não contagiosa de sarna por conta do estresse. Foi colocada novamente em um lar amoroso, mas seu novo dono desenvolveu uma grave alergia a ela e acabou indo parar no hospital com choque anafilático. Com relutância, Rosie foi devolvida ao Animal Helpline... mais uma vez.

Então, graças a Cheri, a cadela passou a fazer parte da equipe de *O melhor amigo do cão*! Algumas semanas mais tarde, Rosie estava em um avião rumo a nosso Centro de Psicologia Canina da Espanha, sem fazer ideia da aventura que a aguardava. Quando chegou, demos início ao sério esforço de combater a sarna. Os problemas comportamentais de Rosie eram brandos, mas ela se tornara muito hábil em manipular seres humanos. Antes, não havia regras nem limites, e assim, se ela não quisesse andar, bem, ela não ia a lugar nenhum.

Minha equipe e eu conseguimos reabilitá-la muito rapidamente. Não demorou nada para transformá-la — precisamos apenas de um forte líder. Mas, então, tínhamos de encaixar Rosie em uma nova família. A pergunta era: Quem se encaixava nesse perfil?

Vários candidatos estavam competindo para adotar Rosie, incluindo uma sobrevivente de câncer chamada Debbie e uma família com dois filhos. Debbie estava em uma jornada para mudar de vida — não só lutara contra o câncer, mas também enfrentara a obesidade e a depressão grave. Ela decidiu ir a *O melhor amigo do cão* para encontrar um animal que fizesse parte de sua nova vida. A equipe de produção favoreceu o casal com dois filhos adoráveis, pois queriam que Rosie tivesse a família amorosa e estável que merecia.

No entanto, decidi que Rosie seria uma combinação melhor para Debbie. Achei que ambas estavam em uma situação singular — precisavam de reabilitação, e seriam de tal forma um desafio mútuo uma para a outra que seu amor e apreço cresceriam durante o processo de cura. Estou feliz de informar que, enquanto escrevo isto, Rosie e Debbie estão se dando muito bem juntas. Debbie está comprometida com o processo de ajudar Rosie a se tornar a companheira canina perfeita, e Rosie parece estar dando um novo propósito a Debbie.

✅ *Autoavaliação nº 4:*
Quanto você tem no bolso?

Pode parecer indelicado falar de dinheiro, mas você tem de considerar seriamente se a família tem condições de ter um cão. Cuidar adequadamente de um animal de estimação custa caro. Além dos custos iniciais de adoção, microchip, acessórios e castração, você terá despesas mensais com a alimentação e anuais com cuidados veterinários. Tais despesas variam conforme o tipo e o tamanho do animal e o local onde você mora, mas a Sociedade Americana para a Prevenção da Crueldade contra os Animais (ASPCA) estima que a despesa média mensal para atender às necessidades de um cão gira em torno de setenta dólares.

Esse valor não inclui as despesas veterinárias ou o convênio. Se você não tem convênio veterinário, precisa ter pelo menos uma poupança com alguns milhares de dólares para casos de emergência. Como pessoas, animais de estimação se machucam e ficam doentes. Ter essa reserva pode livrá-lo de algumas preocupações enquanto seu cão se recupera.

FASE 2: Avaliação do cão

Depois que tiver feito uma avaliação honesta do estilo de vida, do nível de energia e da dinâmica de sua família, é hora de começar a considerar que tipo de cão você deve levar para sua matilha.

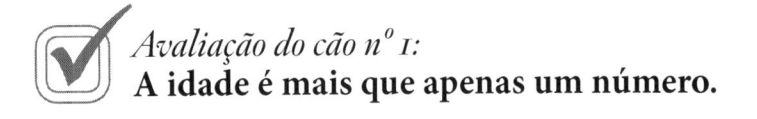

✅ *Avaliação do cão nº 1:*
A idade é mais que apenas um número.

Filhotes são bonitos e adoráveis, mas é difícil encontrá-los em abrigos, porque são os primeiros a ser adotados. Porém a realidade é que filhotes também exigem investimento muito maior de tempo, energia e dinheiro. Muitas questões comportamentais que depois requerem ajuda profissional têm raízes na forma como um filhote é criado. A menos que você ou um membro da família possa estar presente o tempo todo, de alguns meses até mais de um ano, aplicando esse tempo a um treinamento consistente, um filhote não é a escolha ideal.

Os cães atingem a idade adulta entre 12 e 18 meses e, se tiverem sido devidamente criados até esse ponto, será menos provável que tenham problemas. No mínimo, você deve ser capaz de detectar possíveis problemas em uma conversa com o pessoal do abrigo ou da equipe de resgate e decidir se está disposto a lidar com sua correção. Cães adultos também são muito mais propensos a ser domesticados e, dependendo do temperamento e da raça, seus níveis de energia geralmente são mais baixos que os de filhotes. Se você não tem tanto tempo para se dedicar a um cachorro, um animal adulto com menos de 7 anos é uma boa escolha.

No entanto, não descarte cães idosos. Geralmente os últimos a ser adotados, eles ainda podem ficar com você por muitos anos e frequentemente são mais equilibrados, com energia menor do que seus colegas mais jovens. Se você tem espaço limitado e não dispõe de tanto tempo para se dedicar ao treinamento e a caminhadas com o animal, um idoso moderado pode ser a combinação perfeita para sua casa. Em contrapartida, é provável que você tenha despesas maiores com veterinário. Um cão mais velho é ideal para quem não tem crianças, como uma pessoa sozinha ou um casal cujos filhos já saíram de casa.

Não se esqueça de levar em conta a sua idade e nível de energia ao avaliar um cão para adotar. Um filhote de alta energia pode ser demais para um idoso, ao passo que um mais velho pode não conseguir acompanhar um jovem enérgico de 20 e poucos anos. Mais uma vez, você só deve adotar um cão de igual ou menor nível de energia que sua matilha humana. Considerar todas as opções quando se trata de idade maximiza suas chances de encontrar o animal certo.

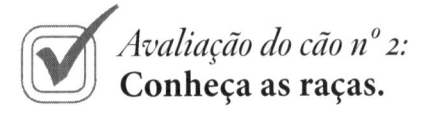

☑ *Avaliação do cão nº 2:* **Conheça as raças.**

Já expliquei que os cães devem ser vistos como animal, espécie, raça e nome, nessa ordem, mas a raça pode ter mais importância ao adotar e tomar decisões correspondentes ao estilo de vida. Quanto mais pura a raça, mais provável que o cão apresente fortemente os traços peculiares a ela, tendo, portanto, necessidades específicas.

No capítulo 3, discutimos os sete grupos de cães: esportistas, hounds, trabalhadores, pastores, terriers, toys e não esportistas (veja página 64). Para satisfazer os cães de cada um desses grupos, pode ser necessário lhes fornecer um trabalho apropriado a seus instintos de raça. Cães esportistas podem, por exemplo, exigir muito tempo para brincar de ir buscar coisas, ao passo que os trabalhadores podem ficar mais felizes carregando uma mochila na caminhada. Os terriers frequentemente precisam de desafios mentais estimulantes e adoram trabalhar por recompensas, por isso podem precisar de brinquedos que lhes permitam "encontrar a guloseima". Hounds podem ser corredores incansáveis, por isso são uma ótima opção se você gosta de correr, patinar ou andar de bicicleta.

Quando estiver considerando um novo cão, é bom pesquisar, especialmente se estiver propenso a optar por determinada raça. Você vai encontrar muitas publicações sobre raças, tanto em livros como na internet, e os padrões de temperamento de raças do American Kennel Club (AKC) são um excelente guia sobre o que esperar.

Infelizmente, vivemos em um mundo com leis específicas para raças. Muitos edifícios e associações de proprietários não permitem determinadas raças, de modo que você precisa pesquisar sobre isso também. Embora a agressividade seja característica de um animal de energia desequilibrada, infelizmente também é com frequência atribuída a algumas raças, independentemente do comportamento ou do temperamento do cão em particular. Às vezes, nem sequer importa se os cães são membros puros de determinada raça. Se eles se parecem com uma raça agressiva, são considerados agressivos e ponto. Lennox era um cão de raça mista do Reino Unido que lembrava vagamente um pit bull, e nunca existiram relatos de comportamento agressivo de sua parte. Seu status de raça por si só foi suficiente para que o Conselho Municipal de Belfast o apreendesse e por fim o sacrificasse em 2012, apesar dos protestos internacionais. Mais uma vez, pesquise primeiro e se informe sobre todos os cães que podem entrar em conflito com essas percepções e leis.

Por fim, considere possíveis problemas médicos a que determinadas raças são propensas, como displasia de quadril em pastores-alemães ou problemas de tireoide em spitz alemães. Mais uma vez, quanto mais pura a raça, mais provável que tenham problemas típicos dela. Calcule as possíveis despesas de tratamento na pior das hipóteses e as acrescente aos prováveis custos financeiros de adotar um animal.

Se você se dedicar a aprender sobre as raças — suas necessidades, problemas e níveis de energia —, terá uma ideia muito melhor do que está procurando e fará uma adoção responsável.

Avaliação do cão nº 3:
Escolha a energia certa.

Já mencionei várias vezes, neste e em outros capítulos, que você deve adotar um cachorro com a energia certa para sua casa. Mas como determinar o nível de energia natural do animal? Visitar um abrigo, onde os cães são mantidos em canis, pode ser enganoso, porque nessa situação o animal pode desenvolver uma energia frustrada, nervosa, que não reflete seu estado normal.

Tire proveito dos voluntários e funcionários do local e faça perguntas sobre os cães em que estiver interessado. Eles já passaram um bom tempo com todos eles e têm melhor ideia de temperamento geral e do comportamento do animal. Funcionários de abrigos não recebem comissão por adoção e sabem que más combinações podem gerar a devolução do animal. Por isso, é benéfico para eles serem honestos e instrutivos.

As perguntas a fazer incluem as seguintes: Como o cão se relaciona com os membros da equipe e com os outros cães? Como se comporta na hora das refeições e nos passeios? Como reage aos visitantes? Parece ter qualquer problema com pessoas específicas, como crianças ou homens?

Quando achar que encontrou uma possibilidade, toda a sua família deve visitar o abrigo para a já mencionada conversa. A maioria desses lugares fica feliz de fazer isso e conta com uma área onde todos podem se reunir com o cão sem coleira. Observar o animal fora do canil e com certo grau de liberdade também pode dizer muito. Ele se distrai facilmente com tudo? Investiga cada nova pessoa ou parece se fixar em apenas uma? Começa imediatamente a marcar território por toda a área? É extrovertido ou tímido? Fica em constante movimento, ou se acalma rapidamente e demonstra energia calma e submissa?

Por fim, se o abrigo permitir, a melhor maneira de avaliar se a energia e a personalidade do animal combinam com a sua família é levá-lo para um passeio. Pense nisso como um *test drive*, que vai lhe dar uma noção se o cão tem problemas como puxar ou tentar conduzi-lo. Se você caminhar por um tempo suficientemente longo para drenar a energia do animal, também vai ter uma ideia de seu verdadeiro temperamento fora do canil.

Mais importante: permaneça o mais objetivo possível durante o processo. Você terá tempo de sobra para se apaixonar pelo cão mais tarde, o que será muito mais fácil se encontrar o animal certo. Pode ser fácil tender para o primeiro cão que chame sua atenção e adotá-lo por culpa, por não querer deixá-lo no abrigo. Mas isso talvez leve a escolhas erradas. Você realmente não vai querer levar para casa um filhote de são-bernardo de alta energia se morar em um apartamento e trabalhar doze horas por dia.

Um cachorro não é um brinquedo ou uma peça de decoração, e sim um compromisso para a vida toda. É muito melhor descartar as opções que não servirão e encontrar o cão com o temperamento e o nível de energia certos para você do que adotar o animal errado e depois ter de tomar a difícil decisão de desistir dele ou devolvê-lo. Com as perguntas certas, observação e paciência, você pode maximizar suas chances de encontrar a combinação perfeita.

> Arquivo de casos do programa *O melhor amigo do cão*

Sofia, a medrosa cadela italiana

Sofia foi um dos casos mais comoventes já tratados em *O melhor amigo do cão*. Cheri Lucas voou para Roma tendo apenas 24 horas para encontrar o candidato canino perfeito para o programa. Um produtor italiano que havíamos contratado para filmar uma sequência com os cães italianos a encontrou lá, e eles dirigiram por uma hora, saindo de Roma rumo a um abrigo no interior que acolhia mais de quatrocentos cães. Destes, quase metade eram idosos. Um quarto eram pit bulls puros ou mistos — cães altamente indesejáveis na Itália. O restante enfrentara problemas graves: agressividade com cães ou humanos, medo ou comportamento antissocial. E ali estava Sofia...

Sofia não constava na lista preliminar de cães escolhidos para o programa antes da visita à Itália. Nós já havíamos exibido um "caso de medo", por isso nossa missão era encontrar outro tipo de problema que agregasse interesse ao programa.

Assim Cheri conta a história: "Quando me dirigi ao cercado de Sofia, ela estava rodeada por outros cercados cheios de cães que latiam sem parar, jogando-se contra o muro ou girando. Ela estava apavorada. Sofia tinha os maiores e mais expressivos olhos que eu já tinha visto. Fiquei apaixonada. Só de olhar para a cadela dava vontade de ajudá-la. Um dos funcionários do abrigo me permitiu entrar no cercado de Sofia. Tentei lhe colocar uma coleira, mas ela estava em pânico com a minha presença. Eu sabia o que fazer — não fazer contato visual, não tocar, não falar como bebê —, mas não adiantou. O nível de terror de Sofia era tão intenso que uma hora pensei que ela teria um colapso".

O passado de Sofia era muito triste. Seu proprietário fora preso sob acusações desconhecidas. As autoridades encontraram mais de uma dúzia de cães em seu quintal. Todos adultos e aparentemente da mesma ninhada, além de igualmente negligenciados e apavorados. Os irmãos de Sofia permaneceram no abrigo.

Cheri finalmente pôs a coleira em Sofia e começou o processo de retirá-la do cercado. "Ela estava completamente paralisada, mas consegui tirá-la de lá. Nesse momento, ela entrou em colapso. A única maneira de levá-la de volta ao cercado foi carregando-a. Sessenta e cinco quilos de peso morto é muita coisa, mas consegui levá-la de volta."

Felizmente, o programa concordou em aceitar Sofia. Quando ela chegou à Espanha, começou a mudar da noite para o dia. O ambiente sereno e calmo do Centro Canino de Madri iniciou sua magia na cadela. Em alguns dias, filmamos minhas primeiras tentativas de reabilitação do animal.

Continua na página seguinte

Notei que apresentar Sofia à matilha equilibrada de mais de uma dúzia de cães era parte da resposta para sua recuperação. Tudo que ela já havia conhecido eram outros cães, por isso era lógico usá-los para ajudá-la a progredir.

Dos três casais que se candidataram para adotar Sofia, eu estava particularmente interessado em um casal jovem, Danilo e Sara, de Bolonha, na Itália. Danilo gostava de gatos e nunca havia tido um cachorro antes. Fiquei fascinado pelo fato de esse homem ser tão apaixonado por gatos, em particular por seu próprio gato, muito mimado. Danilo estava preocupado com o fato de que adotar um cão fosse chatear o gato. Achei isso divertido, mas também reconheci a seriedade de levar um cachorro para um lar com um felino tão mimado.

Nesse caso particular, os outros dois candidatos claramente não eram talhados para um caso que exigiria muito compromisso. Tinham uma vida muito ativa e ocupada e estavam procurando um cão de companhia. O medo de Sofia ia melhorar se sua família adotiva estivesse disposta a dedicar tempo e esforço à sua reabilitação.

Não preciso dizer que Sara e Danilo estão indo muito bem com Sofia. Contudo, após consultar um veterinário ao chegar ao novo lar, eles descobriram que a cadela tem uma doença rara chamada hipertensão pulmonar. É impossível detectar a doença sem um minucioso exame veterinário, e nossa equipe de produção está apoiando os cuidados de Sofia e oferecendo assistência ao jovem casal que a adotou.

FASE 3: A ida para casa!

Pois bem, você já passou por todas as etapas de pré-adoção, visitou os abrigos e encontrou seu par perfeito. Parabéns pelo novo membro de sua matilha! Eis três outras coisas muito importantes que você precisa fazer a seguir.

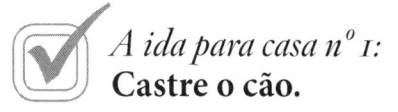

A ida para casa n⁰ 1:
Castre o cão.

Agora, vamos falar sobre "cachorrões", de modo você pode querer tirar as crianças da sala...

Em muitos lugares nos Estados Unidos, todos os cães adotados de abrigos municipais devem ser castrados antes de liberados, e o valor geralmente está incluído na taxa de adoção. Há exceções para criadores cadastrados e licenciados, mas as taxas de licença para cães não castrados geralmente são muito mais elevadas. Na cidade de Los Angeles, por exemplo, a taxa de licença anual para um cão castrado é de apenas vinte dólares, mas para um cão não castrado é de cem dólares, acrescidos de uma taxa de concessão de 235 dólares, e o microchip é obrigatório.

A menos que você seja criador profissional e responsável, não há nenhum bom argumento para não castrar seu cão. Ao contrário dos seres humanos, que podem acasalar a qualquer tempo, os machos só sentem fortemente a urgência quando há fêmeas no cio por perto, e elas entram no cio duas vezes por ano — normalmente entre janeiro e março, e depois entre agosto e outubro. Caso contrário, seus cães realmente não vão saber ou se importar com o que estão perdendo. Apesar da existência de próteses como a Neuticles, que se destinam a substituir as partes faltantes do macho, seu cachorrinho de fato não vai andar por aí lamentando o que perdeu, e esses acessórios "não castrados" servem mais para agradar ao ser humano que o cão.

Castrar o animal também pode lhe ser saudável no futuro, especialmente no caso das fêmeas. A castração precoce pode prevenir tumores mamários e infecções do trato urinário. Para os cães, machos e fêmeas, eliminar sinais hormonais pode levar a um temperamento mais regular e previsível. Também vai impedi-los de tentar fugir durante a época de acasalamento e presenteá-lo com uma ninhada indesejada e inesperada de filhotes.

Financeiramente, a castração é um pequeno investimento com grande retorno futuro, e muitos abrigos e clínicas oferecem castração de baixo custo ou gratuita. Como mencionei, muitos abrigos incluem o procedimento como parte das taxas de adoção.

A razão mais importante para castrar, no entanto, é a superpopulação de animais. Nos Estados Unidos, de quatro milhões a cinco milhões de cães e gatos indesejados são sacrificados anualmente devido à superpopulação. Em todo o mundo, existem seiscentos milhões de cães de rua. A castração é o jeito mais eficaz de resolver o problema. Vi os resultados disso ao visitar a Alemanha durante a produção de *O melhor amigo do cão*. Ali quem tem cães, exceto criadores, é obrigado a castrar seus animais. Por conta disso, a Alemanha não enfrenta o problema de cães de rua dos Estados Unidos. Na verdade, o país reduziu tanto o problema que agora está pegando cães de abrigos de outros países.

Para ser um proprietário responsável, você deve fornecer ao animal muitas coisas: comida, abrigo, orientação, treinamento e liderança. Mas o melhor que pode fazer, para seu cão e para si mesmo, é garantir que não haja uma geração de filhotes indesejados. A decisão de castrar deve ser fácil. É um procedimento simples, seguro e barato, que evita muitos problemas ao longo da vida do animal.

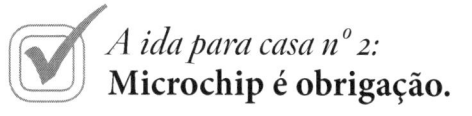

A ida para casa nº 2:
Microchip é obrigação.

Antigamente, os únicos sistemas de identificação canina disponíveis eram etiqueta na coleira ou tatuagem, o que nunca foi muito popular ou comum. Ambos os métodos têm desvantagens. Cães que fogem podem facilmente perder a coleira ou etiqueta, ou ladrões podem removê-las. Da mesma forma, tatuagens podem ser removidas ou alteradas.

Na década de 1990, isso mudou com o advento do chip RFID (identificação por radiofrequência), um pequeno dispositivo implantável que dura até 25 anos. O chip é codificado com um número único que identifica seu animal e ajuda a encontrá-lo caso ele desapareça. Se seu cão tiver um microchip e for registrado, é muito fácil determinar a propriedade se alguém o encontrar ou roubar e tentar reivindicar o animal para si.

Como a castração, o microchip acaba ajudando a reduzir o problema de cães de rua. Embora algumas pessoas não gostem da ideia de uma identificação implantável, os benefícios realmente superam as desvantagens. Afinal de contas, ninguém reclama do fato de os carros precisarem de placas. E seu cão é muito mais valioso para você que seu carro, não é?

Os chips são dispositivos passivos e inofensivos. Ao contrário de telefones celulares e outros aparelhos eletrônicos, chips RFID não transmitem nada por conta própria. Não emitem nenhum tipo de radiação prejudicial. Tornam-se ativos apenas na presença de um scanner, que envia um sinal ao qual o chip responde com o número nele codificado. Esse processo leva apenas alguns segundos.

Conforme os chips se tornam mais comuns e a tecnologia em geral evolui, começamos a ver alguns usos alternativos interessantes para essa forma de identificação. Por exemplo, uma empresa agora fabrica portas para cães que usam um scanner para leitura do chip RFID. Se o scanner reconhecer o animal, a porta se abre; caso contrário, não. Então, em vez de uma aba convidativa que permite a entrada dos animais dos vizinhos, de guaxinins itinerantes ou de ladrões oportunistas, você pode de fato dar a seu cão a chave de casa.

Há outra razão bastante humana para considerar seriamente o uso de microchip: um cão com essa identificação não pode ser abandonado. No passado, as pessoas que queriam se livrar de um animal só tinham de retirar a coleira e a etiqueta, levá-lo a uma área remota e fazê-lo sair do carro. Um cão com microchip, porém, levará as autoridades ao proprietário registrado. O RFID também fornece um jeito de rastrear pessoas que treinam cães para rinhas ou para agredir seres humanos. Assim como uma arma com número de série, o proprietário do cão apreendido em um ringue de luta ou capturado em conexão com o crime pode ser rastreado e responsabilizado.

O processo de instalação do microchip é rápido, tão indolor quanto vacina e barato. Como a castração, está sendo cada mais comum incluí-lo no custo de adoção nos Estados Unidos. Encare por este lado: se seu cão tiver microchip, você nunca vai se arrepender de ter colocado o dispositivo, mas, se não o fizer e seu cão se perder, você vai se arrepender para sempre do que não fez.

A ida para casa nº 3:
O encontro com a matilha humana

Você achou o cão perfeito com a energia certa para sua família e seu estilo de vida. Já pesquisou sobre a raça, está certo de que pode lidar com qualquer necessidade especial dela, e todos em sua casa estão prontos para assumir o papel de líder da matilha. Então, você seguiu com o processo de adoção, inclusive com a instalação do microchip e a castração, e hoje é o grande dia: hora de levar seu novo cão para casa.

Este é o momento do processo em que muitas pessoas cometem o maior erro, frequentemente por conta da emoção de ter um novo membro na família. Vão para casa, tiram o animal do carro e seguem para a porta da frente, então abrem a porta, retiram a coleira e deixam o cão solto para explorar seu novo lar... e o pobre animal não tem ideia do que está acontecendo ou de onde está. Pode parecer que ele está investigando animado, andando de cômodo em cômodo, cheirando todos os lugares, mas não está. Você acabou de lançá-lo, sem direcionamento, em um ambiente completamente estranho, e essas primeiras associações permanecerão. O lugar não lhe é familiar, cheira diferente e parece não ter saída. Se você já teve animais de estimação, a casa terá o cheiro deles, e o novo cão ficará inseguro quanto a estar invadindo o território de outro animal.

Então, vamos voltar para a porta da frente, para o carro e o abrigo. Antes mesmo de levar o animal para o carro, faça uma vigorosa caminhada com ele. Isso vai ajudá-lo a gastar a energia reprimida decorrente de estar no abrigo. Uma vez no automóvel, pare a poucos quarteirões de casa e leve-o para passear mais uma vez, agora até a sua porta. Isso permite que ele se acostume com os cheiros e a paisagem do novo bairro e comece a se sentir confiante. Ele também vai conhecer você e a sua energia, e a confiança vai começar a se estabelecer.

Por fim, quando chegar em casa, não é hora de deixar o novo cão entrar ainda. Leve-o até a porta pela qual você entra e, depois de fazê-lo sentar, espere até que ele mostre energia calma e submissa. Ao abrir a porta, você e sua família devem entrar primeiro. Só então convide o animal, mas mantenha-o na coleira por enquanto e certifique-se de que todos pratiquem o "não toque, não fale, não faça contato visual" (veja capítulo 2, página 47).

A ideia é que você introduza lentamente seu novo animal no novo lugar dele, um cômodo de cada vez. Você deve começar com o local onde ele vai encontrar comida e água, fazendo-o esperar até que você atravesse a porta e o convide a segui-lo. Mantenha-o sentado até que a comida e a água estejam prontas. Depois que comer, ele vai ficar ainda mais relaxado. Agora, você pode levá-lo para conhecer o restante da casa, evitando os cômodos nos quais não quer que ele entre.

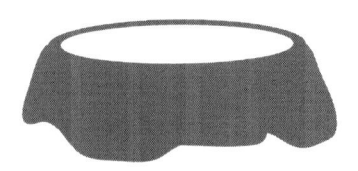

Assim como aconteceu no primeiro cômodo, faça-o esperar na soleira de cada porta até ser convidado. Mantenha a coleira, deixe-o cheirar e explorar cada novo ambiente antes de conduzi-lo ao próximo. Com esse processo, você está dizendo ao cachorro: "Este é o meu território. É minha propriedade, mas estou permitindo que você entre". Isso ajuda a construir desde o início o respeito de seu cão pelo que é seu.

Quando o *tour* acabar, é o momento de seu novo cão conhecer cada membro humano da matilha, um de cada vez. Deixe-o cheirá-los primeiro e não permita que alguém demonstre afeto até que o novo cão se dirija até essa pessoa. Líderes de matilha não vão até seus seguidores; estes vão até eles.

☑ A ida para casa nº 4: Apresentação à matilha canina

Se você já tem cachorro em casa, precisa administrar a apresentação do novo animal a ele. Não basta deixá-los juntos. Embora as crianças provavelmente fiquem muito animadas por ter um novo cachorro em casa, seu cão pode não ficar tão empolgado. Na verdade, essa apresentação talvez deixe o animal mais antigo na defensiva e o mais novo inseguro, acarretando problemas. Observe a situação do ponto de vista do cão mais antigo: ele está curtindo seu espaço, cuidando da sua vida, quando de repente um cachorro estranho vem correndo e os seres humanos parecem muito agitados; algo terrível deve estar acontecendo. Essa é a receita para o fracasso.

Apresentar um novo cão a uma matilha já existente vai requerer a assistência de um amigo ou de um membro da família, mas os resultados valem a pena. Simplificando, vocês devem se encontrar em território neutro enquanto caminham com os cães — você com o cão antigo e a outra pessoa com o novo. Então é preciso que se encontrem casualmente e comecem a caminhar juntos, com os cães, do lado de fora da casa. Eles podem ou não demonstrar curiosidade um pelo outro de imediato, mas é importante seguir em frente por um tempo e andar até que os dois estejam com seus níveis de energia reduzidos.

A essa altura, você pode levar os cães de volta para casa; os humanos entram primeiro e, a seguir, convidam os cães a entrar. O restante do processo de apresentação é o mesmo, só que agora você pode deixar o animal mais antigo sem coleira, a menos que ele tente brincar com o novo cão, caso em que ambos devem permanecer de coleira. Apesar de o fato de tentar brincar ser um excelente sinal de que se darão bem, guarde a brincadeira como recompensa para depois que o novo animal houver seguido sua liderança e conhecido o novo espaço.

Arquivo de casos do programa *O melhor amigo do cão*

Janna, a pastora-belga malinois

Fomos para a Holanda em busca de cães para o novo programa. Ao visitar um abrigo nos arredores de Amsterdã, nos deparamos com uma linda pastora-belga malinois de 4 anos de idade, uma raça de pastoreio que se assemelha aos pastores-alemães. Janna fora resgatada da rua. Como ela possuía microchip, o abrigo entrou em contato com os proprietários, mas eles se recusaram a ir buscá-la, afirmando que não a queriam mais. Posteriormente, ela foi para a casa de um idoso, que faleceu três anos depois. Mais uma vez, Janna se viu de volta ao abrigo Dierenopvangcentrum Enschede. (Sim, a grafia está correta! Dierenopvangcentrum é "abrigo de animais" em holandês.) Só que dessa vez a cadela havia mudado.

Janna estava altamente estressada. Desenvolvera o comportamento obsessivo de morder seus quartos traseiros, quadris e rabo, grunhindo muito ao iniciar esse comportamento. Ela continuava por vários minutos e só parava quando ficava esgotada. Tal comportamento de automutilação a deixava coberta de sua própria saliva. Sabíamos que podíamos ajudar Janna a superar a obsessão e encontrar uma boa casa, então ela foi escolhida para participar de *O melhor amigo do cão*.

Quando a cadela chegou à Espanha, seu comportamento se agravou. Enquanto passava a noite na casa de Cheri Lucas, ela abriu a porta do armário e se aninhou ali. Cavou buracos no quintal e ficou enrolada dentro deles. Esse comportamento fez com que pensássemos que Janna podia estar prenhe, porque a maioria dos abrigos da Holanda não pratica a castração regular.

A visita ao veterinário determinou que a cadela não estava prenhe, mas que sofria de um caso muito intenso de falsa gravidez por ter passado por vários ciclos de cio ao longo dos últimos quatro anos sem ter tido uma ninhada. O veterinário disse que o comportamento de Janna de se aninhar visava encontrar um lugar para ter seus filhotes imaginários. Era uma síndrome rara, porém, mais que isso, uma situação quase insuportável. Começamos a tratar Janna com medicamentos holísticos e a envolvê-la em exercícios de *agility* para drenar seu excesso de energia. Os pastores-belgas são uma raça de energia muito alta, que deve ser desafiada diariamente.

Das três famílias que se candidataram para adotar Janna, fiquei muito atraído por uma em particular. Esse casal, da Bélgica, tinha um filho adorável e maduro. Sven, o pai, ficara incapacitado devido a um acidente de trabalho e se aposentara. Andava de bengala e tinha dor crônica, o que o deixava muito deprimido. O incansável apoio do jovem filho a seu pai me tocou. Eu podia ver que naquela família, genuinamente, um apoiava o outro.

Embora o caso de Janna fosse muito difícil devido à quantidade de tempo necessária para a reabilitação, senti que essa família era a escolha certa para ela. Tinha certeza de que Sven ajudaria Janna a se recuperar totalmente, assim como ele estava tentando se recuperar da dor crônica. Eles formariam uma equipe. Muitas lágrimas foram derramadas durante o processo de seleção. Até os candidatos eliminados ficaram tocados pela luta daquelas pessoas, e nos sentimos muito satisfeitos por Sven e sua família terem sido escolhidos para adotar Janna.

Seguindo esses procedimentos ao levar um novo cão à sua matilha, você vai começar com o pé direito, demonstrando liderança e estabelecendo regras, limites e restrições desde o início. Haverá tempo de sobra para carinho, diversão e brincadeiras mais tarde — uma vida inteira, na verdade. Mas tudo o que fizer no primeiro dia vai afetar o que acontecerá a partir daí. Portanto, vale a pena cada mínimo esforço para fazer tudo direito.

7
VOCÊ, SEU CÃO E AS MUDANÇAS DA VIDA

Mudanças são parte inevitável da vida. Uma casa nova, um novo bebê, um novo parceiro... Essas são apenas algumas das experiências pelas quais as pessoas passam. Durante os tempos de mudança e de incerteza, é importante olhar para frente e seguir adiante. Lembre-se de manter o animal em seus planos — transições afetam os cães também. Mas minha experiência mostra que eles tendem a lidar com o que a vida traz de maneira muito melhor que os humanos.

Os cães são uma das criaturas mais adaptáveis que Deus já criou; os seres humanos, no entanto, são outra história. Nós nos apegamos a coisas como emoções e lembranças. Essas "coisas" nos prendem, de modo que vivemos no passado, ficamos com medo do futuro ou ansiosos sobre ele, ignorando o presente.

As pessoas muitas vezes me perguntam como obtenho resultados tão rápidos com os cães que reabilito. A resposta simples é o que falamos no capítulo 3: os cães vivem no momento. Eles não têm ansiedade ou medo do futuro. Essa é a essência de seu estado de rendição. Se nós, seres humanos, pudermos aprender a apreciar e a nos concentrar no que acontece no aqui e agora, mesmo quando não temos certeza quanto ao futuro, experimentaremos a riqueza de vida que os outros membros do reino animal desfrutam.

Você pode estar se perguntando por que falo de seres humanos em um capítulo dedicado a ajudar seu animal a encarar as transições e mudanças da vida. É porque os seres humanos são uma das principais razões pelas quais os cães têm dificuldade de se adaptar à mudança. Quando grandes mudanças ocorrem em nossa vida, projetamos no cão nossas emoções, tristezas ou entusiasmo. O animal, em essência, torna-se nosso espelho. Por isso, quando trabalho com um cliente pela primeira vez, digo que o ser humano me conta a história com todas as emoções, drama e julgamentos, ao passo que o cão me diz a verdade sobre o que realmente está acontecendo. Ao me aproximar pela primeira vez de um cachorro com um problema, normalmente observo o seguinte padrão:

Seres humanos =
história + emoções + energia + julgamento + passado/futuro

Cão =
verdade + espelho da energia humana + não julgamento + presente

Divórcios, mortes, nascimentos e novos relacionamentos são apenas algumas das transições da vida. Elas afetam os seres humanos, e estes, por sua vez, afetam os cães. Os animais não sabem qual é a situação de seu dono, só sabem que a energia dele mudou.

Embora existam centenas, se não milhares de livros de autoajuda para auxiliar as pessoas nessas transições, poucos foram escritos para ensinar aos donos de cães como auxiliar seus bichos de estimação na passagem por esses eventos transformadores. Com um pouco de planejamento prévio e consideração, você pode tranquilizar seu animal, e a si mesmo, para passar por qualquer transição.

Aqui estão algumas dicas sensatas para ajudá-lo a manter um estado mental saudável e equilibrado enquanto o mundo muda à sua volta.

Transição: Sair de casa

Sair de casa pode não parecer uma grande transição para você. Provavelmente é algo que você faz todos os dias. Mas, para os cães, que são animais muito gregários, ser deixados sozinhos pode ser inquietante. Na natureza, é incomum os cães abandonarem o bando. Ser deixado sozinho em casa pode até causar ansiedade de separação em alguns animais (veja capítulo 5, página 129). O que é sentido como uma pequena transição pelos seres humanos pode ser encarado como uma grande mudança pelos cães.

Para manter o equilíbrio, você tem de ajudar seu cachorro a entender que essa parte de sua rotina diária é normal e que não há com o que se preocupar.

1. Ensaie seus "ois" e "tchaus". Pratique o ato de sair e entrar em casa muitas vezes antes de realmente deixar o cão sozinho por longos períodos. Quando sair para o trabalho ou a escola, não faça drama. Se seu cão vir que você está relaxado e confiante, terá mais probabilidade de também se sentir assim.

2. Mantenha a energia do cão calma. Certifique-se de que ele esteja calmo e relaxado antes de sair ou entrar em casa. Leve-o para uma longa caminhada ou para um jogo vigoroso de busca no quintal antes de sair pela manhã. O exercício vai ajudar o animal a ficar calmo e relaxado quando você sair.

3. Um pouco de companhia ajuda. Se precisar deixar seu cachorro por longos períodos de tempo enquanto trabalha, ele pode se beneficiar com um pouco de companhia durante o dia. Se puder voltar para casa para almoçar, use esse tempo para se exercitarem juntos. Se sua agenda não permitir isso, contrate um

passeador profissional para que seu cão tenha um pouco de exercício e contato humano. A atividade manterá o animal calmo e a companhia o deixará feliz.

4) O tédio é o inimigo. Enquanto estiver fora, certifique-se de que seu cão tenha muita coisa para se manter entretido. Um cachorro entediado pode se tornar ansioso e destrutivo, por isso mantenha os brinquedos favoritos onde ele possa facilmente encontrá-los em sua ausência. Se ele puder brincar, vai se sentir menos ansioso enquanto você estiver fora.

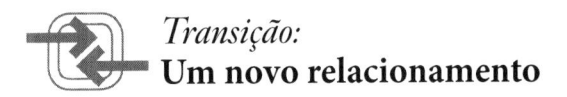

Transição:
Um novo relacionamento

Cerca de um ano após meu divórcio, conheci uma linda dominicana chamada Jahira Dar. Ela trabalhava como *stylist* de celebridades em uma loja da Dolce & Gabbana, onde compro algumas das minhas roupas para o programa de TV. Eu estava no elevador rumo ao departamento masculino quando ele parou no andar feminino. As portas se abriram e eu a vi. Mesmo o elevador tendo parado no departamento feminino, saí e me apresentei a Jahira. Depois de uma breve conversa, convidei-a para jantar. Poucos dias mais tarde, comecei a lhe enviar fotos de Junior e Coco, nosso chihuahua.

Depois de vários meses de namoro, decidi que era hora de apresentar Jahira à matilha. A mulher tem de ser muito especial para se manter calma e assertiva ao conhecer minha matilha. Apresentei-a primeiro a Junior. Jahira relembra o encontro: "Eu estava um pouco nervosa, porque pensei que, se Junior não gostasse de mim, meu relacionamento com Cesar acabaria rapidamente. Mas ele veio até mim e se deitou aos meus pés. Uma vez que Junior me aceitou, o restante do bando seguiu seu exemplo. Fiquei aliviada".

*Após uma apresentação tranquila, Jahira e Junior
são membros do mesmo bando.*

O início de um novo relacionamento afetivo é um momento emocionante para qualquer pessoa. Para certificar-se de que seu cão aceita seu novo parceiro, você precisa ter um plano. Eis algumas regras simples a seguir na hora de introduzir um novo amigo em sua matilha:

1. Vá devagar. Não esconda seu novo relacionamento do seu animal, mas também não o force a um novo relacionamento. Desde o começo pratique o "não toque, não fale, não faça contato visual" até que o cão tenha familiaridade com a nova pessoa e exiba um estado calmo e submisso perto dela.

2. Trabalhem juntos. Depois que a compatibilidade se estabelecer, comece a compartilhar tarefas como alimentar o cão e levá-lo para passear. No início, faça essas coisas com a pessoa, e

gradualmente transfira algumas dessas responsabilidades para ela. Tenha cuidado para não fazer de seu novo parceiro o "estranho" na casa. Estabeleça regras, limites e restrições quanto à forma de seu cão participar desse novo relacionamento. Seja consistente na definição de regras.

3. Mantenha-se positivo. Se seu cão e seu novo parceiro tiverem um começo tumultuado, não brigue por causa do cachorro, especialmente na frente dele. Mesmo que seu cão não entenda a linguagem, pode associar o novo membro do núcleo familiar com energia negativa e discussão.

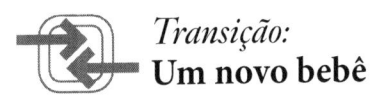

Transição: Um novo bebê

Como nossos cães têm muita sintonia conosco, sabem que algo incomum está acontecendo quando há um bebê a caminho. Os futuros pais geralmente se mantêm em um estado de ansiedade, e os cães captam isso. Muitas pessoas se preocupam com o modo como o animal vai se adaptar à presença do novo bebê. E têm mesmo de se preocupar. Já trabalhei com diversos cães cujas famílias não administraram bem a transição. Meu melhor conselho é traçar um plano e seguir estas dicas para uma transição suave, preparando seu cão e todos os demais para o recém-chegado:

1. Concentre-se na liderança. Nove meses é tempo mais que suficiente para trabalhar a maioria dos problemas e estabelecer as regras, os limites e as restrições em relação ao novo bebê. Então, use esse tempo para fortalecer sua posição de líder da matilha e certifique-se de que seu cão esteja regularmente em estado calmo e submisso.

2. Esteja ciente da sua energia. A gravidez afeta toda a família. Você pode se sentir entusiasmado, ansioso ou preocupado, ou uma combinação dos três. Lembre-se: o cão reflete as emoções do dono.

3. Imponha o cheiro do bebê. Antes de levá-lo para casa, introduza no ambiente um item com o cheiro dele, como um cobertor. Durante esse exercício, é fundamental que você defina limites claros. Desafie o cão a farejar à distância enquanto você segura o objeto. Ao fazer isso, você está comunicando ao animal que o objeto é seu. Então, dê permissão ao cão para farejá-lo de perto. Assim você está mostrando que esse novo objeto lhe pertence e que o cão vai ter de seguir suas regras em relação a ele. Isso dá início ao processo de criação de respeito pelo bebê.

4. Estabeleça limites em relação ao quarto do bebê. Recomendo começar deixando o quarto fora dos limites do cão. Condicione-o a entender que há uma barreira invisível que ele não pode atravessar sem sua permissão. Como seu cão já estará acostumado ao cheiro do bebê, será menos propenso a violar essa regra. Por fim, permita que ele explore e cheire certas coisas no quarto da criança sob a sua supervisão. Repita essa atividade algumas vezes antes da chegada do bebê.

5. Controle a apresentação do bebê. Antes que se encontrem, leve o cachorro para uma longa caminhada para drenar toda a sua energia. Ao voltar para casa, não o deixe entrar enquanto ele não estiver em um estado calmo e submisso. A pessoa que segurar o bebê deve estar em um estado calmo e assertivo. O cão pode farejar o bebê, mas deve respeitar a distância. Durante esse primeiro encontro, não aproxime muito a criança do animal. Depois, o cão pode ser autorizado a chegar mais perto,

Energia calma e assertiva é fundamental quando se apresenta um novo bebê ao cão da família.

desde que permaneça em um estado calmo e submisso. Se o animal demonstrar qualquer agitação, acabe com a apresentação. Tente novamente mais tarde, quando o cachorro tiver se acalmado.

6. Não esqueça o cão. Um novo bebê pode sobrecarregar a família, por isso é importante ter tempo para dar atenção ao cachorro. O animal não precisa de brinquedos ou de atenção especial para se sentir querido; basta que você tente manter a rotina diária de passeios e alimentação. Isso vai ajudá-lo a se sentir seguro e permitir que relaxe em relação ao novo membro da família e a toda a atenção que este está recebendo.

Transição:
Volta às aulas

Todo início de ano letivo, quando meus dois filhos, Andre e Calvin, voltam às aulas, nossos horários mudam. Levamos algumas semanas para nos reajustar à exigência de levantar cedo todas as manhãs, ao estresse de não nos atrasar para a escola e à rotina de esportes, tarefas de casa e tempo para brincar após as aulas. Depois da liberdade das férias de verão, Andre e Calvin têm de voltar às regras diárias, aos limites e às restrições que a escola naturalmente impõe. Mas eles não são os únicos.

Apesar de a volta às aulas ser normalmente divertida e emocionante para os seres humanos da casa, pode significar solidão e tédio para o cão. Durante todo o verão, alguém provavelmente passou mais tempo em casa com ele. Agora que todo mundo está de volta à correria cotidiana, ele pode se sentir negligenciado e até entrar em depressão ou desenvolver ansiedade de separação.

Sintomas de depressão a observar incluem apatia, falta de energia, perda de apetite, se esconder ou se encolher e não querer brincar. Ao contrário da depressão, a ansiedade de separação (ver capítulo 5, página 129) se manifesta em comportamento instável, incluindo latir excessivamente e ganir, arranhar portas, janelas e portões freneticamente para sair, mastigar e destruir coisas e fazer as necessidades dentro de casa. Cães com ansiedade de separação ficam em êxtase quando os membros da família voltam para casa, ao passo que um animal deprimido não consegue sequer se levantar da cama.

Se seu cão tem problemas durante o período de volta às aulas, aqui estão algumas dicas para suavizar essa transição:

1. Siga sua rotina matinal com o cão. A manutenção de uma simples rotina pode ajudar a aliviar o estresse que o animal sente. Crie uma agenda com a família que envolva todos os membros.

Todas as manhãs, alguém deve se levantar um pouco mais cedo, mesmo que apenas quinze minutos, para levar o cachorro para passear ou brincar com ele no quintal antes de o dia começar. Isso não só vai mostrar ao cão que você ainda se importa com ele, como também vai drenar a energia extra e deixá-lo menos propenso a ser destrutivo quando você estiver fora.

2. Treine o "sair de casa". Na primeira transição deste capítulo, mostramos os passos para sair de casa sem estresse para o animal. Seus filhos podem sentir dó por abandonar o cão o dia todo, mas é essencial não se mostrar emotivos quando saem. Se o cão sentir que eles estão chateados, será mais provável que fique chateado também. Quando todos voltarem da escola e do trabalho, mais uma vez, não façam disso um alarde.

3. Mantenha uma rotina noturna. No final de um dia longo, é fácil esquecer o cão. Há o jantar para fazer, as tarefas de casa, e todos estão cansados por causa das atividades do dia. Mas seu cão esperou por você o dia todo, e provavelmente tem uma energia não utilizada. Depois do jantar, não deixe de fazer um pouco de exercício e brincar com ele.

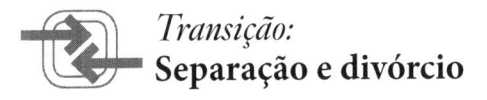

Transição: Separação e divórcio

Rompimentos inevitavelmente acarretam a divisão de bens materiais, como a casa, os carros e os móveis. Qualquer advogado de família ou terapeuta conjugal pode dizer que geralmente essas coisas são as mais fáceis de resolver em uma separação. No entanto, crianças e animais de estimação não são. Infelizmente, brigas por custódia ocorrem com muita frequência. Depois que minha ex-

-esposa, Ilusion, e eu nos divorciamos, nossos dois filhos escolheram ficar com pais diferentes — Andre escolheu morar com a mãe, ao passo que Calvin optou por morar comigo. Esse tipo de mudança é difícil para toda a família, e pode ser muito difícil para seu animal, que vai sentir sua tensão e seu mal-estar.

Se você e seu parceiro estão se separando, eis algumas estratégias para ajudar a tornar a transição suave para seu cão:

1. Evite brigas por custódia. As leis de divórcio da maioria dos estados americanos tratam cães como propriedade. Isso significa que podem ser divididos, como carros ou móveis. Não deixe que o tribunal decida quem fica com os cães. Tente resolver isso com seu ex-cônjuge antes que os animais se tornem vítimas da disputa. Quando o casal tem filhos e eles são ligados ao cão, sempre recomendo que este fique com as crianças. Muitas pessoas já começaram a incluir a propriedade do cão em contratos de casamento para evitar briga no caso de rompimento.

2. Pense nas crianças. Pesquisas mostram que crianças de famílias com cães sofrem menos estresse depois de um divórcio do que as de famílias sem cachorro. É lógico que os cães, como companheiros de vida, são indispensáveis em tempos de transição e mudança, e as crianças parecem se beneficiar mais com sua presença regular em casa.

3. Observe problemas de comportamento. Cães que passam por um divórcio muitas vezes exibem agressividade que nunca apresentaram antes. A energia tensa de uma casa em fase de divórcio pode afetar os cães da mesma maneira que os membros da família. É importante que os animais façam bastante exercício durante a separação para que possam aliviar a ansiedade e ter folga do ambiente estressante.

4. Sua situação vai ser diferente. Seja honesto consigo mesmo acerca de suas escolhas e de como sua vida vai mudar após o divórcio. Com muita frequência, vejo cães de famílias divorciadas levados para abrigos. Cônjuges que queriam o animal durante a separação descobrem que não podem cuidar dele após o divórcio porque têm de trabalhar em tempo integral, ou porque encontram outra pessoa que não gosta do cachorro.

5. Tente manter a calma. A coisa mais importante a lembrar sobre seu cão durante uma separação é que suas emoções serão refletidas no comportamento dele. Aprender a se acalmar e a projetar uma energia calma e assertiva perto do animal não será benéfico só para ele; também pode ajudar o restante da família.

Transição: Mudança e viagens

Em média, os americanos se mudam a cada cinco anos. Isso significa que, durante a vida média de um cão, pode ser que você se mude duas ou três vezes. Os psicólogos dizem que a mudança está na lista dos dez eventos mais traumáticos na vida. Sendo assim, é fácil imaginar o efeito que ela pode ter sobre seu animal. Aqui estão algumas dicas de bom senso para facilitar a transição para uma nova casa, especialmente se a mudança exigir viagens de longa distância:

1. Faça um *checkup*. Consulte o veterinário para se certificar de que seu cão consegue encarar a viagem e quais cuidados médicos podem ser necessários para garantir que ele faça isso com segurança. Em geral, cães podem ficar mais de 72 horas sem alimentos. Junior e eu viajamos pelo mundo, e eu não o alimento de manhã quando vamos viajar.

2. Treine. Treine. Treine. Pense em seus cães como astronautas. Antes de partir, estes treinam ficando confinados em um espaço com opções de alimentos restritas. Eles se acostumam a controlar a ansiedade de ficar enclausurados por um período tão longo no espaço. Faça o mesmo com seu cão usando uma caixa comum ou de transporte, de preferência a mesma em que ele vai viajar quando for a hora. Aumente gradualmente o tempo em que ele passa nela.

3. Faça do caixote um ótimo lugar para ficar. Ajude o animal a associar a caixa de viagem a coisas positivas. Não sinta pena dele nem fique chateado. Ele vai sentir imediatamente suas emoções, e isso pode causar ansiedade.

4. Pesquise. Se vai se mudar para o exterior, não se esqueça de pesquisar os regulamentos sobre quarentena. Em alguns países, determinadas raças são proibidas, e você não vai querer que seu cão seja confiscado na alfândega. Se o animal for colocado em quarentena, tente visitá-lo todos os dias, se possível. Peça permissão às autoridades de controle animal para levá-lo para passear.

5. Arranjem um quarto! Se estiver viajando de carro, não se esqueça de pesquisar que hotéis ao longo do percurso aceitam animais. Não deixe o cão sozinho no carro durante a noite. Se seu cachorro uivar ou latir no quarto de hotel, provavelmente é porque está nervoso e tentando se comunicar. Não reforce o comportamento dando-lhe afeto ou simpatia. Tente levá-lo para uma longa caminhada para drenar sua energia.

6. Exercite-o antes de pegar a estrada. Não importa como vai viajar com seu cão, certifique-se de levá-lo para um longo passeio ou corrida extra na manhã da viagem, para esgotar sua energia. A viagem vai ser menos estressante para o cão se ele tiver baixos níveis de energia.

Transição: Morte na família

A história de um pastor-alemão chamado Capitán cativou a nação em 2011. Capitán fugiu de casa depois que seu proprietário, Manuel Guzman, morreu, em 2006. Uma semana mais tarde, a família de Guzman, que mora em Córdoba, na Argentina, encontrou o cão com o coração partido, de luto, ao lado da sepultura. O animal passou os seis anos seguintes no cemitério, sendo cuidado e alimentado por parte dos funcionários dali.

Um cão que perde um companheiro ou um membro da matilha pode mostrar sinais de sofrimento, incluindo falta de apetite, comportamento arredio e até demanda por atenção e carinho. A confiança e o sentimento de pertencimento a um bando desaparecem com a perda de um membro da matilha. Alguns cachorros ficam vagando pela casa, tentando conciliar o cheiro persistente do membro falecido com o fato de que não podem mais encontrá-lo.

Aqui estão algumas dicas para ajudar os cães a passarem por esse processo:

1. Cães ficam de luto. Espere do animal a manifestação de alguns sintomas de tristeza, como perda de apetite e apatia. Isso é natural.

2. Cães conhecem o cheiro da morte. Se possível, deixe o animal cheirar algo do corpo, de modo que ele possa entender o fim.

3. Mantenha a rotina. Não fique subitamente inativo com o cão. Esse é o momento em que ele mais precisa de longos passeios. Tente alterar a rota para mudar seu estado de espírito, ou levar o cachorro para caminhar em um lugar novo. Não sinta pena dele, mas tente manter uma rotina consistente, se possível. Continue mostrando uma liderança forte.

4. A vida continua. Dê ao cão novos desafios, novos ambientes e novas aventuras o mais rápido possível, para que ele reconheça que a vida segue em frente.

Desde que me lembro, os cães têm sido meus melhores professores, e meu primeiro cão braço direito, Daddy, me ensinou uma das lições mais importantes e difíceis no fim de sua vida. Tive a sorte de trabalhar com Daddy por dezesseis anos, e ele me ensinou o que é ser especialista em aceitação. Aonde quer que fôssemos juntos, ele espalhava a paz. Gatos, coelhos, pessoas que não gostavam de pit bulls — Daddy aceitava todos.

Perto do fim de sua vida, em fevereiro de 2010, tivemos um momento incrível de contato visual. Ele olhou para mim com seus olhos cor de mel de uma forma que me tocou direto no coração e me afetou até a medula. Olhando para trás agora, acho que foi a maneira de ele me dizer que eu havia ficado muito acomodado com minha vida, meus negócios e meus relacionamentos. Sua morte, poucos dias depois, foi parte de um chamado ao despertar emocional. Foi a maneira de Daddy me dizer: "Toda sua vida precisa mudar".

O falecimento de Daddy foi difícil para mim e para toda a minha família. Lamentamos sua morte e tentamos celebrar suas realizações. Cerca de dois meses depois, meu maravilhoso pit bull azul, Junior, assumiu como meu braço direito. Essa transição aconteceu muito naturalmente. Um dia, Junior e eu caminhávamos juntos

Daddy e eu compartilhamos dezesseis anos incríveis.

para o topo da montanha no CPC, e ele me olhou de um jeito que me fez lembrar o olhar que Daddy me dera muitas vezes antes. Era um olhar de amor e apoio sem limites, como se Junior estivesse dizendo: "Vai ficar tudo bem, Cesar. Pode contar comigo, mas preciso contar com você também".

Ser líder da matilha não é apenas guiar seu bando nas transições; é passar você próprio por elas de maneira eficaz também. Nenhum membro do bando, incluindo o líder, pode ficar preso no passado ou ansioso sobre o futuro quando confrontado com a mudança.

Mudanças e transições são a maneira de a natureza testar os líderes de matilha e desenvolver ainda mais suas habilidades de liderança. É durante os tempos difíceis de mudança que a liderança é mais necessária. Em minhas viagens ao longo dos últimos anos, conheci muitas pessoas que lutam diante de transições de vida muito graves, provocadas por todos os tipos de eventos — desde dificuldades financeiras até desastres naturais. Mas o que une todas elas é o fato de que esse tipo de coisa pode despertar o melhor em nós e em nossos cães. E, se estivermos em sintonia com a natureza, respeitando os princípios fundamentais, poderemos usar esse conhecimento para nos fortalecer e seguir em frente com confiança.

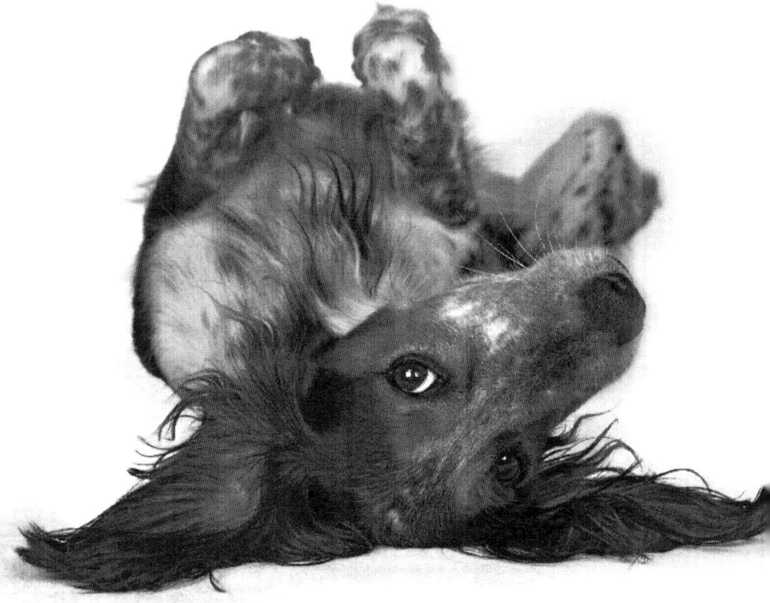

8
A FÓRMULA DE SATISFAÇÃO

Durante vários verões, ministrei palestras em um evento anual em Aspen, no Colorado, chamado Cesar Whispers in Aspen, oferecido pelos Amigos do Abrigo Animal de Aspen. Trata-se de um grande evento social com a presença de amantes de cães e muitos dos abastados residentes sazonais da cidade, que fazem de Aspen seu refúgio de verão. Há entre os presentes muitos líderes de empresas da lista da *Fortune 500*, artistas, celebridades e políticos.

Surpreendentemente, sou convidado para falar sobre cães e aquilo que chamo de "liderança da matilha". O que poderia eu, um garoto pobre da classe trabalhadora mexicana, oferecer a algumas das pessoas mais bem-sucedidas dos Estados Unidos? Acontece que tenho muito a oferecer. Sei que o segredo para melhorar o relacionamento deles com seus cães também pode mudar a própria vida deles para melhor. O segredo? Chamo-o de fórmula de satisfação.

Essa fórmula, desenvolvida ao longo de muitos anos de trabalho com cães e humanos, é a melhor maneira que conheço para acessar o poder de liderança. Ao seguir um programa regular de exercícios, disciplina e carinho, nessa ordem, você está mais bem equipado para lidar com qualquer coisa que apareça em sua vida (veja capítulo 4, página 82). Essa fórmula se baseia nas leis naturais do cão e nos princípios fundamentais que abordamos no início do livro. Ela aguça seus instintos e é fundamental para desenvolver a energia calma e assertiva que vai ajudá-lo a se sentir mais satisfeito em tudo que faz. Aplique essa fórmula e você vai ter um relacionamento melhor com seu cachorro, com seus entes queridos e consigo.

A fórmula de satisfação é simples, mas segui-la de modo consistente nem sempre é tão fácil. Se fosse, todo mundo conseguiria e eu não teria emprego. Os cães seriam equilibrados e todos ficariam felizes. Mas o que dificulta é que leva tempo. Exige compromisso. Exige dedicação. Exige capacidade de cumpri-la, mesmo sendo difícil. E isso exige habilidade de avaliar honestamente a sua vida e reconhecer quando as coisas estão desequilibradas.

Para ajudar você a entender o poder da fórmula de satisfação, vou esmiuçar cada componente dela para assegurar que você saiba aplicá-la a fim de enriquecer a vida de seu cão e a sua própria.

Satisfação parte 1: Exercício

O primeiro passo para a criação de uma matilha equilibrada também é a regra número um da fórmula: o exercício. Sempre que encontrei dificuldades na vida, o exercício me equilibrou. Agora me dá propósito, energia, foco, consistência, e é um meio de liberar a tensão, o estresse e o excesso de energia.

Para os seres humanos, o exercício pode assumir um elemento de espiritualidade — ele nos eleva, nos transforma, nos libera de tudo que nos sobrecarrega. Quando dei início ao percurso para corrigir minha vida após o divórcio, passei a acordar às 4h30 da manhã com energia renovada. Eu corria com os cães ou ia para o ringue de boxe com um treinador chamado Terry Norris, que uma vez nocauteou Sugar Ray Leonard.

Patinar com seu cão é uma ótima maneira de esgotar a energia acumulada.

Todo mundo sabe que exercício é bom para a saúde, apesar de 25% dos norte-americanos não o praticarem regularmente. Menos pessoas ainda fazem o tipo de exercício físico regular e vigoroso que julgo essencial tanto para você quanto para seu cão. Dormimos melhor, a aparência melhora, pensamos mais claramente e vivemos por mais tempo. Ficar sentado por períodos prolongados pode estragar os bons efeitos que um programa regular de exercícios vigorosos oferece. Um estudo publicado em 2012 no periódico *Circulation* concluiu que, para cada hora de televisão assistida por dia, o risco de morrer por problemas cardíacos sobe 11%.

Seja ativo agora

A melhor maneira de ficar longe do sofá é ter um cão. Durante uma visita ao Canadá, conheci um rapaz que trabalhava como balconista em uma loja de pneus. Severamente obeso, ele decidiu começar a se exercitar com seu cachorro depois de assistir a meu programa de TV. Esse jovem um dia obeso perdeu mais de cem quilos e abriu seu próprio negócio de passeador de cães matutino. Sua aparência está ótima, ele está muito bem e é saudável novamente.

Quando ando com minha matilha nas colinas que cercam o CPC, a sensação de estar no presente é incrivelmente forte. Eu me conecto à Mãe Natureza e faço algo bom para o meu corpo. Recentemente, alguém me perguntou no que penso quando estou caminhando com cinquenta cães. A resposta é *em nada*. Para mim, passear com cachorros tem a ver com sentir, não com pensar... É sentir calma e paz.

Para muitas pessoas, passear com o cão é uma experiência estressante. Ficam preocupadas com outro animal que se aproxima ou com um vizinho que não gosta de cachorros. Ficam preocupadas porque o animal late, corre muito rápido ou puxa a guia. Isso não é estar no agora, e nunca alguém vai conseguir calma nesse estado de espírito. Não é à toa que os cães nos Estados Unidos fazem menos exercícios que os de qualquer outro lugar. Os donos são muito estressados.

Tente estar no presente em sua próxima caminhada com seu cão. Tente não pensar no dia no escritório ou nas crianças na escola. Tente especialmente não se preocupar com o modo como seu animal pode agir ou se comportar na caminhada. Em vez disso, visualize um tempo calmo, proveitoso e agradável juntos. Mantenha-se focado na paisagem, nos cheiros e nos sons da caminhada em si. Concentre-se nas mensagens implícitas entre você e seu cão. Se sua mente começar a vagar ou você começar a ficar ansioso, volte sua atenção para sua respiração. Você também pode usar os exercícios de energia que aprendeu no capítulo 4.

A QUANTIDADE CERTA DE EXERCÍCIOS

A quantidade de exercício que seu cão requer depende, é claro, do nível de energia, das capacidades físicas e, em alguns casos, das características da raça dele. Cães idosos ou de baixa energia podem ficar esgotados depois de uma ou duas voltas no quarteirão, ao passo que cães de alta energia, em particular dos grupos dos trabalhadores e esportistas, podem exigir mais de uma hora de passeio, e você talvez ainda tenha de acrescentar um pouco de corrida ou caminhada rápida. Embora filhotes possam ser muito energéticos, eles não têm tônus para exercícios vigorosos, mas geralmente avisam quando basta entrando no modo descanso assim que a energia acaba.

Em todos os casos, lembre-se dos seguintes pontos ao se exercitar com seu cão:

1. Cuidado com o superaquecimento. Isso vale para você e para o animal; se você se sentir muito quente, seu cão provavelmente também se sentirá. Tenha cuidado em dias de calor excessivo, tente se exercitar logo cedo ou à noite e leve muita água. Se o cão começar a dar sinais de insolação, procure atendimento médico imediatamente. Os sintomas de insolação incluem respiração pesada e difícil, salivação excessiva, gengivas pálidas, secas, fraqueza ou confusão, vômito e diarreia. Se não puder levar o animal ao veterinário imediatamente, despeje água fria ou morna (nunca gelada) no corpo dele. Se possível, utilize também um ventilador, além da água.

2. Seja consistente em seu programa de exercícios. Correr três quilômetros em um fim de semana e depois não fazer nada durante a semana pode causar estresse extra nas articulações, nas suas e nas do animal. É melhor fazer vários passeios curtos ao longo da semana, pelo menos duas vezes ao dia, do que tentar fazer todo o exercício em uma única sessão. Se não puder de jeito nenhum sair todos os dias da semana para passear com o animal, encontre alternativas dentro de casa:

- ❖ Faça seu cão subir e descer escadas (sob a sua supervisão, claro).
- ❖ Crie uma pista de obstáculos com objetos da casa para simular um treinamento de *agility*.
- ❖ Esconda guloseimas pela casa para que o cão as procure.
- ❖ Faça-o buscar coisas que você lança.
- ❖ Mostre ao cão uma esteira ergométrica e ensine-o a correr ou trotar nela.

Se você caminhar duas vezes ao dia (de preferência) ou alternar dias de exercícios internos e dias de caminhada, mantendo o cronograma o mais regular possível, vai ajudar seu animal a manter o equilíbrio.

3. Cuide das patas de seu cão. Correr no asfalto, especialmente quando aquecido pelo sol, pode causar danos aos pés dos filhotes, até arrancar a pele. Faça muitas pausas nas caminhadas ou corridas com um cão jovem em superfícies mais macias, como grama, até que desenvolvam as calosidades que irão protegê-los. Com cães adultos, atente para superfícies quentes, particularmente asfalto, que podem queimá-los rapidamente em dias de sol, sobretudo no meio da tarde. Concreto branco ou de cor clara não retém o calor da mesma maneira e é muito mais seguro. Em um clima muito quente, tente passar o mínimo de tempo atravessando ruas ou estacionamentos e permita que seu cão se refresque regularmente na grama. Um bom teste para saber em que lugares você não deve deixar seu cachorro andar por muito tempo é ir você mesmo descalço. Se seus pés não puderem suportar o calor, é provável que seu cão também não esteja gostando.

4. Conheça seus próprios limites e os de seu animal. Se seu cão estiver em um estado calmo e submisso, vai avisá-lo quando

houver se exercitado o suficiente. Além disso, conforme passar mais tempo passeando com seu cachorro, você vai conhecer muito bem o estado de espírito dele e saber quando é o bastante. Se estiverem no meio do caminho e qualquer um dos dois ficar muito cansado para prosseguir, não há nada de errado em se sentarem juntos calmamente por alguns minutos, até que estejam prontos para prosseguir. Além disso, conhecer os limites do animal vai ajudar você a detectar com antecedência eventuais problemas de saúde ou outros motivos de preocupação. Por exemplo, se um cão que gosta de dar longas corridas três vezes por dia de repente quiser parar durante um passeio curto, pode estar com algum problema que justifique uma visita ao veterinário.

O exercício é importante e saudável para você e seu cachorro. Quando corretamente compartilhado em passeios, mantém o animal equilibrado e em forma, além de propiciar a vocês a melhor experiência de vínculo possível.

Satisfação parte 2:
Disciplina

Assim como "dominância" e "controle", "disciplina" é mais uma daquelas palavras que as pessoas podem facilmente perceber como negativas, conforme já discutimos na seção "Como ler este livro" (veja página 17). Mas note que essa palavra é similar a "discípulo", e ambas vêm de palavras latinas que descrevem um aluno, bem como a instrução que ele recebe. Então, em vez de pensar em disciplina como castigo, é melhor encará-la como você ensinando e seu cão aprendendo, trabalhando juntos como uma equipe.

Quando cheguei aos Estados Unidos, logo vi como a sociedade do país pode ser indisciplinada em relação aos cães. Os animais

A disciplina é parte essencial da satisfação das necessidades de seu cão.

americanos comem o que querem, dormem onde querem e se sentam onde querem. E ainda têm muitas camas, muitos brinquedos e muitos petiscos. No México, os cães não têm cama e pegam um pedaço de pau se quiserem se divertir ou brincar de buscar coisas. Não há nada de errado em dar brinquedos ou camas a esses animais. O problema surge quando eles começam a ser tratados como pequenos seres humanos. Em geral, esse é o primeiro passo na perda de controle dos limites do cão. Quando vemos cachorros que com frequência ignoram as ordens de seus proprietários, normalmente é porque não foram disciplinados. Mas eles podem ser reabilitados se seus donos criarem o ambiente adequado, com regras e limites.

Passei por situação semelhante não muito tempo atrás, quando percebi que as coisas estavam fora do equilíbrio em minha vida familiar. Eu havia recebido um telefonema devastador de um psiquiatra, que me disse que meu filho Calvin tinha de fazer uso de medicação para TDAH, transtorno de déficit de atenção com hiperatividade, um distúrbio de comportamento comum na infância, o qual pode ser difícil de diagnosticar e ainda mais difícil de entender.

O divórcio não foi complicado apenas para mim; causou um grande dano a meus filhos. Dividiu nossa família e injetou muita incerteza na vida de Calvin. Quando relembro, parece tão claro: a dieta dele se deteriorara para refeições compostas unicamente de cereais açucarados e barras de chocolate. Ele parecia mal-humorado, cansado e desmotivado. Não estava indo bem na escola e foi se tornando mais desrespeitoso com os adultos.

Após o telefonema, percebi que, mais do que qualquer outra coisa, Calvin precisava de disciplina e compreensão. O divórcio havia quebrado todas as rotinas da casa. Tirara o líder da matilha familiar e o lugar estava vago. Coube a mim, como pai, restabelecer regras, limites e restrições para ele e praticar exercícios, disciplina e afeto. Eu podia usar essa estrutura para criar um ambiente mais estável para meu filho e quem sabe ajudá-lo a reencontrar o equilíbrio.

Um psicólogo zen declarou recentemente que a definição de disciplina é "lembrar exatamente o que você quer". É uma descrição acurada de como abordamos a situação com Calvin. Lembrei que tipo de filho eu queria que ele fosse, o tipo de pai que eu poderia ser e assumi esse papel. Construí uma equipe de apoio mais forte ao redor de Calvin — uma nova escola que estivesse atenta às suas necessidades, novos amigos focados em esportes ou *hobbies*, e Jahira e eu, que nos empenhamos igualmente em ser adultos atenciosos e pacientes. Nós todos trabalhamos em conjunto para que Calvin deixasse a medicação e voltasse a ter uma vida saudável.

Disciplina significa ter a mente no lugar certo, o que só pode ser alcançado conhecendo regras, limites e restrições. Aqui está um pequeno exercício que Calvin e eu usamos para ajudar a levar nossa mente de volta ao lugar certo:

1. Pense em um momento da vida em que você se sentiu invencível. O que você queria, sem hesitação? Um relacionamento? Um emprego? O reconhecimento de sua família? Volte à sua infância, se preciso, porque esse é um momento no qual o instinto é obstruído por forças humanas e pelo tempo.

2. Escreva por dez minutos sobre esse incrível tempo de sua vida. O que você estava pensando, sentindo ou até mesmo esperando? Qual foi a sensação? Descreva sua energia, suas emoções. Que desafios superou para conseguir o que queria urgentemente?

3. Escreva sobre como sua vida seria diferente agora se você abordasse as coisas da mesma maneira que antes, sabendo que não poderia falhar. Como isso afetaria seu relacionamento consigo mesmo, com seu trabalho, com as pessoas ao redor e com seu cão?

4. Quais são as três coisas que você poderia fazer para desencadear esse estado de espírito no momento que quiser? Quais são as três coisas que você gostaria de alcançar de forma irreversível? Quais são os três passos que você pode dar agora para alcançar esses objetivos?

Esse pequeno exercício centra sua mente e seus canais energéticos.

Satisfação parte 3: **Afeto**

O amor é um dos maiores dons que podemos compartilhar. É uma das muitas razões pelas quais amo tanto os cães. Eles são animais afetuosos e amam incondicionalmente. No entanto, o afeto compartilhado com um cão na hora errada pode ser prejudicial a ele. Você não pode dar carinho a um cachorro para que ele pare de mastigar seus sapatos novos, assim como não pode dar carinho a um alcoólatra para que ele pare de beber, ou a uma criança para que ela limpe o quarto. Tanto animais quanto pessoas precisam de regras, limites e restrições, mesmo quando se trata de amor. Os cães não aceitam subornos por bom comportamento, e subornos raramente criam resultados duradouros com pessoas também.

O afeto vem de muitas maneiras, nem sempre em forma de comida. Um cão de estimação pode ganhar carinho em forma de guloseimas, escovação ou carícias. Mas afeto também pode ser reconhecimento, um brinquedo favorito ou um encontro com outro cão compatível.

O importante a lembrar é nunca dar afeto ao cão quando ele não estiver em um estado calmo e submisso. Nunca conforte um cachorro ansioso, agitado ou com medo, pois isso só vai confundi-lo. Como os cães vivem no presente, seu carinho não vai mudar o estado dele. Vai apenas lhe dizer: "Tudo bem você se sentir

O amor incondicional é apenas um dos muitos presentes que os cães nos dão.

desse jeito". Carinho na hora errada reforça o comportamento indesejado, porque seu cão aprende a usar esse comportamento para ganhar afeto.

Com pessoas, o afeto é um pouco mais complexo. Conforme discutimos no capítulo 2 (veja página 36), os seres humanos são intelectuais e emocionais (os cães são instintivos), então a afeição assume muito mais formas e significados para as pessoas. Carinho pode ser dado às pessoas em muitos momentos e em diferentes estados emocionais. Nós demonstramos afeto para acalmar (abraços), para celebrar (gestos) e para amar (beijos). Temos muitas dimensões e aspectos, porque somos criaturas emocionais. Mas recompensas de afeto também podem ajudar a nós mesmos e às pessoas queridas a manter rotinas de exercício e disciplina. Quando somos pessoas equilibradas, é mais fácil dar e receber afeto. Essa última parte da fórmula de satisfação pode ser um poderoso motivador.

Agora que você entendeu a fórmula de satisfação, vou compartilhar no próximo capítulo histórias reais de pessoas que a usaram para resolver problemas ou ajudar os outros. Suas histórias são inspiradoras para mim e espero que sejam para você também.

9
APRIMORE SEU CÃO, APRIMORE SUA VIDA

Minha fórmula de satisfação é a melhor maneira que conheço para aproveitar o poder da liderança da matilha. Seguindo um programa de exercícios, disciplina e afeto, você estará bem equipado para lidar com qualquer coisa que surja em sua vida. A fórmula aguça seus instintos e é fundamental para desenvolver a energia calma e assertiva e para que você se sinta mais satisfeito em tudo o que fizer.

Com base nos fundamentos e nas técnicas que desenvolvi trabalhando com cães e seus companheiros humanos, essa fórmula pode melhorar a vida do homem. Ela literalmente salvou a minha. Ajudou-me a reparar minhas relações familiares e a restaurar meus negócios e meu amor-próprio.

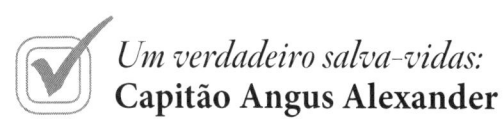

Um verdadeiro salva-vidas: Capitão Angus Alexander

Ao longo do caminho, conheci muitas pessoas que aplicaram com grande sucesso a fórmula de satisfação em sua vida. O diretor do programa de salva-vidas do condado de Los Angeles adotou elementos da fórmula para o treinamento de salva-vidas juniores.

O salva-vidas Angus Alexander e seu cão, Jack, em serviço.

"Muitas das coisas que fazemos por aqui devemos a Cesar", diz o capitão. Ele dirige seu programa no quartel do Corpo de Bombeiros Salva-Vidas de Los Angeles, localizado na praia, próximo ao píer de Santa Monica. Anos atrás, o local abrigava a academia ao ar livre Muscle Beach. Hoje em dia, há uma mistura de turistas e moradores à procura de diversão sob o sol da Califórnia.

Como oficial de serviço de toda a costa do condado — com cerca de 115 quilômetros —, o capitão Alexander, aos 50 anos, mas forte e bronzeado como um adolescente, coordena as buscas no oceano e os esforços de resgate e assegura que a guarda costeira dos Estados Unidos, o departamento de xerifes de Los Angeles e seus seiscentos salva-vidas de praia trabalhem em harmonia para manter em segurança dezenas de milhares de banhistas. Seu segredo? "Exercício, disciplina e afeto, nessa ordem", diz ele. "Também imponho regras, limites e restrições."

O capitão é fã de longa data do meu programa de TV. Depois de treinar seu próprio labrador preto, Jack, no resgate de banhistas usando minhas técnicas (Jack estrela o vídeo "Dog Rescues Man from the Ocean", no YouTube), ele decidiu aplicar os princípios à sua equipe. Logo cedo, a calistenia (exercícios) é seguida pela varrição, limpeza, encerramento e manutenção obrigatórios (disciplina), uma rotina recompensada com regalias regulares (afeto; nesse caso, comida). "Minha mulher é *chef* gourmet", diz Alexander. "Meus homens sabem que, se ficarem em forma e fizerem seu trabalho, vou cuidar deles com o melhor jantar à base de massas que você possa imaginar."

Os resultados são notáveis. Os salva-vidas do capitão Alexander registram cerca de dez mil resgates ao ano. O número de afogamentos caiu em 50% nos últimos dez anos (em 2011, houve apenas um), e a equipe do capitão nunca foi tão coesa ou focada, diz ele.

Cão saudável, humano saudável: Jillian Michaels

Quando ensino às pessoas a fórmula de satisfação, meu objetivo é um cão saudável, bem ajustado. Também é possível notar que fazer com que os proprietários assumam seu papel de líder da matilha é tão bom para eles quanto para os cães. Tudo começa com o primeiro passo de minha fórmula de satisfação: exercício.

Jillian Michaels entende um pouco disso. E agora, depois de trabalhar comigo, também conhece a aplicação da fórmula. Jillian é uma consciente especialista em saúde e bem-estar, conhecida por seu trabalho como *personal trainer*, *life coach*, escritora e estrela do programa *The Biggest Loser*. Também é louca por cachorros, um amor que começou quando ela era uma jovem acima do peso. "Eu era muito solitária e tudo o que eu tinha eram os cães, verdadeiros irmãos para mim. Em meus momentos mais sombrios, solitários, meus cães estavam ali comigo."

Jillian Michaels e eu falando sobre seus cães.

Atualmente, Jillian mantém firmemente sob controle sua batalha contra o peso e inspira inúmeras pessoas a mudar a vida para melhor. Também é dona de três cães de resgate: Seven, um galgo italiano misto; Harley, um terrier misto; e Richard, um chihuahua. Jillian pode ser especialista em exercícios, mas, quando precisou de ajuda com Seven, sabia que tinha de recorrer a outro *expert*. Ela me procurou. O problema com Seven era que ele rosnava para o cavalo de Jillian e corria entre as patas do animal, e ela temia que o cão ferisse a si mesmo ou ao cavalo.

Trabalhei com Seven, mas também passei algum tempo com Jillian, de treinador para treinador. Depois que a ensinei a usar a fórmula de satisfação, ela conseguiu corrigir completamente o mau comportamento do animal. Em suas próprias palavras: "Sei que parece mágica, mas não é. Pude implementar essa nova atitude em diversas partes do dia de Seven. Ele teve uma mudança gigantesca de personalidade".

O segundo passo de minha fórmula de satisfação é a disciplina, que também é uma parte muito importante do trabalho de Jillian com pessoas que têm distúrbios alimentares e problemas de peso. Ela as aconselha sobre a importância de uma rotina diária, e, mais uma vez, a fórmula de satisfação e os cães entram em cena: "Naqueles dias em que você não tem vontade de sair do sofá, seu cão vai empurrar, puxar e ganir até que receba o exercício diário. Em vez de encarar esse comportamento como chato, você pode vê-lo como motivador".

Após trabalhar comigo, Jillian pôde pegar o que aprendeu sobre a fórmula de satisfação e aplicar uma nova maneira de pensar ao trabalho com seus clientes. "Gasto muito tempo tentando descobrir por que as pessoas se comportam de tal maneira, e agora, quando passo por um momento difícil, às vezes foco a mudança e trabalho coisas mais profundas simultaneamente. Mudo o comportamento e então exploro o que há por trás dele."

Jillian pode se abster de afeto às vezes, e até escolher um caminho direto e duro. Enquanto acredita firmemente que a melhor maneira de ajudar as pessoas muitas vezes é por meio da honestidade crua, ela lhes oferece apoio afetivo na hora certa. "Acho que os cães são a forma mais pura de energia que você pode acessar, o amor incondicional. Para o cachorro, não importa se você se acha feio, ou se acha que as pessoas não vão amar você, ou se perdeu o emprego; você sabe que o cão vai amá-lo."

Reviravolta em minha vida: Cesar Millan

Para Jillian e para o capitão Alexander, a fórmula de satisfação melhorou a vida deles. Mas, no meu caso, salvou a minha. Simples assim.

Conheço muitas pessoas incríveis que compartilham suas histórias sobre como aplicaram alguns dos meus fundamentos para melhorar sua vida, mas ninguém tocou mais meu coração do que uma pessoa que conheci em uma noite de autógrafos em novembro de 2011. Seu nome era Mike, e eu nunca vou esquecê-lo.

Meu empresário e eu estávamos em Toronto, no Canadá, para visitar algumas lojas de varejo. Eu dava autógrafos, apertos de mão e tirava fotos. No fim de um longo dia, um homem jovem, de cerca de 30 anos, veio arrastando os pés em minha direção. Ele era magro e pálido. Meu empresário tentou se colocar entre nós, mas o jovem foi persistente e chegou a poucos centímetros de meu rosto.

"Cesar", disse ele, "meu nome é Mike e eu tenho aids. Vim aqui para lhe dizer que você salvou a minha vida." Fiquei paralisado por uma fração de segundo, e então segurei o jovem e lhe dei o maior abraço que já havia dado a alguém na vida.

Mike começou a me explicar que tinha perdido toda a esperança de viver depois de ser hospitalizado com aids. Enquanto esteve no hospital, descobriu o programa de TV *O Encantador de Cães*. Como no Canadá passam vários episódios por dia, Mike ficou viciado no programa e o levava a sério.

Logo começou a aplicar os fundamentos de liderança de matilha, incluindo a fórmula de exercício, disciplina e afeto, em sua própria vida. Lentamente, reencontrou seu objetivo. Aceitou sua condição médica. Com a determinação de um pit bull, decidiu que ia seguir em frente e começar a viver novamente.

Mike estava empacado e não conseguia seguir adiante. Isso mudou quando introduziu a abordagem exercício, disciplina e afeto em sua rotina diária. Essa combinação lhe permitiu reunir vontade de viver e de vencer a doença. De todas as coisas que pensei que poderia fazer, nunca imaginei que ajudaria a salvar a vida de alguém. A história de Mike foi um presente que me ajudou a perceber como tenho sido abençoado.

Durante a viagem de táxi de volta ao aeroporto de Toronto, fiquei refletindo sobre a história de Mike — sua jornada e o fato de eu ter sido capaz de afetá-lo —, e foi um momento tão emocionante que comecei a chorar. Então, percebi como minha vida mudara em relação ao ano anterior, começando quando minha ex-esposa, Ilusion, me dissera que queria o divórcio. A partir daquele momento, minha jornada passou a ser angustiante, cheia de dor e incertezas. Naquela corrida de táxi, percebi que estava muito feliz por ter sido capaz de ajudar alguém como Mike. Isso me mostrou que eu havia saído das trevas um homem mais forte e mais sábio, mais grato pela boa sorte da vida e mais determinado do que nunca a ser um forte líder de matilha.

Eu já estava sofrendo quando recebi a notícia do divórcio, em março de 2010. Meu amado pit bull Daddy havia morrido apenas um mês antes. A morte dele me abalara profundamente, mas eu sabia que a dor passaria. Em março, eu estava na Irlanda, em um rápido *tour* europeu, falando para uma multidão de mais de sete mil pessoas. Na manhã do dia da apresentação em Dublin, recebi um telefonema transatlântico da minha esposa em Los Angeles dizendo que queria o divórcio. Eu achava que as coisas estavam indo muito bem. Mas mal sabia ou entendia o que estava prestes a acontecer. Minha vida mudaria para sempre, e eu — Cesar Millan, o líder da matilha para milhões de donos de cães em todo o mundo — não podia controlar nem mudar a direção disso. Foi aterrorizante.

Ao longo dos anos, Ilusion e eu lutamos para equilibrar nossas diferenças inatas com as exigências do casamento, um programa de TV e duas crianças. Não foi fácil. Havíamos nos separado e voltado várias vezes. Após vinte anos juntos, e com tanta vida pela frente, o final veio de repente. Eu não estava pronto.

Por causa do divórcio, fui forçado a ver as coisas como elas realmente eram pela primeira vez. Ao examinar as decisões profissionais com as quais havia concordado ao longo dos anos, percebi quão equivocadas muitas delas tinham sido. Eu havia aberto mão de meus direitos e do meu nome. Aceitara contratos que nunca deveria ter assinado. Meus parceiros diziam uma coisa, mas seus contratos diziam outra muito diferente. Percebi que nem sequer o nome "Encantador de Cães" pertencia a mim.

No fim do dia, eu tinha apenas minhas roupas, meu carro e o Centro de Psicologia Canina. Todo o resto, incluindo o programa de TV e a casa em que eu morava e criara minha família, pertencia a outras pessoas. Quando meu empresário avaliou minha situação financeira, informou-me que eu estava sem dinheiro. Na verdade, eu tinha um patrimônio líquido negativo após sete anos na TV, e não sabia por quê.

Primeiro fiquei com raiva e me refugiei no Centro de Psicologia Canina, onde me afastei totalmente das pessoas. Eu não queria nenhum contato humano. Cheio de energia negativa, eu ficava sentado, ruminando por horas, com minha matilha. Até que o estresse e a tristeza afetaram meus animais. O bando de vinte cães de antes da morte de Daddy se reduzira a apenas alguns. Instintivamente, a matilha sabia que seu líder estava instável, e os cães procuraram e encontraram outras casas. Fiquei arrasado por não poder ajudar a mim e a minha própria matilha.

Já havia visto cães reagirem assim ao estresse. Quando um animal está desequilibrado, rapidamente entra em um estado negativo ou de pânico. Não quer ficar com outros cães ou com os humanos. O isolamento é uma reação concreta para um ambiente instável, que é a raiz de praticamente todos os problemas de comportamento canino: morder, mastigar, cavar, latir excessivamente, ser territorial e agressivo. Esses problemas são bem fáceis de corrigir em cachorros. Para corrigi-los em mim, foi dez mil vezes mais difícil.

Uma raiva animal corria pelo meu corpo. Eu queria destruir as coisas, meu negócio, queria machucar a mim mesmo e às pessoas a minha volta. Nunca me senti tão emocionalmente devastado. Não podia me perdoar pelo que estava acontecendo. Fui dominado por uma sensação de fracasso e perdi toda a confiança em mim.

As pessoas não sabiam o que estava realmente acontecendo dentro de mim, a não ser meu irmão, Erick, e meu empresário. Escondi isso dos meus filhos, de colegas de trabalho e até mesmo dos meus pais. Como Mike, em Toronto, eu me perguntava se tinha alguma razão para viver.

O fundo do poço foi em maio de 2010, quando parei de comer. Fiquei chocado ao ver que caíra de 79 para 65 quilos em apenas quarenta dias. Parei de trabalhar e raramente dormia mais de quatro horas por noite. Durante esse tempo, Ilusion e eu estávamos separados, mas não legalmente divorciados, e fui para casa tentar a reconciliação. Nossa conversa não foi boa, e no fim eu soube que nosso casamento havia mesmo acabado.

Pensei que minha vida tinha terminado também, então fiz uma coisa estúpida. Tentei me matar tomando comprimidos. Não sei o que tomei nem quanto. Só me lembro da forte sensação de querer estar em outro lugar, em qualquer lugar, menos onde estava. A próxima coisa que me lembro é de estar sendo levado às pressas de ambulância ao hospital. Pedi ao motorista que me levasse para a fazenda de meu avô, no México. Eu queria ficar longe de tudo.

No dia seguinte, eu estava internado em observação em um hospital psiquiátrico. Três dias depois fui liberado e, como Mike, sentia-me determinado a restabelecer o equilíbrio interno e encontrar um novo propósito para minha vida. Só encontraria um novo propósito depois de aceitar meus próprios fundamentos e a fórmula de satisfação de novo.

Eu não podia lutar contra a direção que minha vida tinha tomado. Tive de aceitar. Uma vez que aceitei, tudo pareceu mais brilhante. A energia voltou. Comecei a comer e a dormir novamente. Aos poucos, fui seguindo em frente, em parte graças ao superban-

Ver todas essas pessoas na National Pack Walk 2012 me faz lembrar que é um incrível privilégio ser um líder de matilha.

do de pessoas ao meu redor e aos cães que permaneceram no Centro de Psicologia Canina. Eu trouxe o exercício regular de volta a minha vida. Criei um conjunto de regras, limites e restrições para mim. E, finalmente, compartilhei afeto com os amigos, parentes e cães, que me deram motivação e inspiração para me reerguer.

As pessoas muitas vezes me perguntam como consigo resultados tão rápidos com os cães que reabilito. Como já disse antes, a resposta é simples: cães vivem no momento. Não ficam se consumindo por erros do passado ou medo do futuro. Quando deixei de olhar para trás e de temer o futuro, comecei a recuperar meu apreço por aquilo que estava acontecendo no aqui e agora.

Hoje reconstruí minha matilha — atualmente, tenho 22 cães; acabo de filmar um novo programa de TV, *O melhor amigo do cão;* meu filho Calvin mora comigo e está começando sua própria carreira na televisão; e tenho uma linda namorada chamada Jahira, que se preocupa comigo e com a matilha como se fosse dela mesma.

Dei uma guinada em minha vida graças a todas as experiências que compartilhei com os cães ao longo dos últimos 22 anos. Sem as lições que me deram e a sabedoria que adquiri trabalhando com eles, eu não teria sido capaz de recomeçar.

O que percebi é que ser um líder de matilha não é apenas um momento no tempo. Um líder deve continuar evoluindo, aprender e enfrentar os desafios da vida de cabeça erguida. Um líder não tem medo ou vergonha de se apoiar em sua matilha e de permitir que os outros membros do bando o ajudem a manter o equilíbrio. E, não importa quão difícil seja o obstáculo, não se deixa ficar empacado.

Esses desafios me permitiram encontrar força em mim mesmo e atravessar meus períodos mais sombrios. E, sempre que me sinto esgotado ou me pergunto se estou no caminho certo, relembro aquele momento em Toronto, em 2011. Penso em Mike e na fórmula de satisfação que, de alguma maneira, ajudou a salvar sua vida. Mike me ajudou dando-me força em meus momentos mais sombrios e me fez lembrar as coisas incríveis que pessoas — e seus cães — podem conseguir com a fórmula certa. Onde quer que esteja, Mike, que Deus o abençoe.

RECURSOS ADICIONAIS

Treinamento e comportamento canino
Cesar's Way *www.cesarsway.com*
Site de Cesar Millan

Associação Internacional de Profissionais de Cães
www.canineprofessionals.com
Banco de dados para encontrar um instrutor de cão profissional nos Estados Unidos e em diversos países do mundo

Pesquisa de raças
American Kennel Club *www.akc.org*
Site abrangente para aprender sobre raças de cães e criadores, em inglês

Para encontrar um animal de estimação
Best Friends Animal Society *www.bestfriends.org*
Santuário animal e rede nacional norte-americana de abrigos e grupos de resgate

North Shore Animal League *www.animalleague.org*
Maior órgão de resgate de animais do mundo e agência de adoção nos Estados Unidos

Petfinder *www.petfinder.com*
Lista centenas de milhares de animais disponíveis para adoção em todos os Estados Unidos

Saúde do cão
American Veterinary Medical Association *www.avma.org*
Informações sobre comportamento e saúde canina e produtos do mercado americano

MyVeterinarian.com *www.myveterinarian.com*
Banco de dados nacional de veterinários

Spay USA *spayusa.org*
Rede nacional norte-americana de recursos de esterilização e castração

Recursos para o bem-estar animal

Sociedade Americana para a Prevenção da Crueldade contra os Animais *www.aspca.org*

Sociedade Humana dos Estados Unidos *www.humanesociety.org*

Last Chance for Animals *www.lcanimal.org*

Viajando com seu cão

PetFriendlyTravel.com *www.petfriendlytravel.com*
Informações sobre alguns destinos que aceitam animais de estimação

Dog Vacay *www.dogvacay.com*
Relação de hoteizinhos de baixo custo para animais de estimação e de profissionais caninos nos Estados Unidos

Atividades para seu cão

K9 Nose Work *www.k9nosework.com*
Introdução do cão ao rastreio e farejo

Associação Norte-Americana de *Flyball* *www.flyball.org*
Informações sobre treinamento e torneios de *flyball*

Associação Norte-Americana de Agility *www.usdaa.com*
Informações sobre competições e aulas de *agility* canino nos Estados Unidos

RECURSOS ADICIONAIS DA EDIÇÃO BRASILEIRA

Atividades para o cão
Comissão Brasileira de Agility *www.agilitybr.com.br*

Bem-estar animal
Arca Brasil — Associação Humanitária de Proteção e Bem-Estar Animal *www.arcabrasil.org.br*

Pesquisa de raças
Guia de Raças *www.guiaderacas.com.br*

Para adotar um animal de estimação
Quero um Bicho *www.queroumbicho.com.br*
Adota Cão *www.adotacao.com.br*

Saúde animal
Cachorro Gato *www.cachorrogato.com.br*

CRÉDITOS DAS IMAGENS

Fotos: 1, Gelpi/Shutterstock; 3, Michael Reuter; 13, Doug Shultz; 15, National Geographic Channels; 20, HelleM/Shutterstock; 23, Ji Sook Lee; 29, Todd Henderson/MPH-Emery/Sumner Joint Venture; 30, Viorel Sima/Shutterstock; 34, cynoclub/Shutterstock; 37, Viorel Sima/Shutterstock; 42, Michael Reuter; 46, Sainthorant Daniel/Shutterstock; 50, Robert Clark/National Geographic Stock, Wolf and Maltese dog provided by Doug Seus's Wasatch Rocky Mountain Wildlife, Utah; 52, Kiselev Andrey Valerevich/Shutterstock; 65, Burry van den Brink/Shutterstock; 69, Bob Aniello; 72, National Geographic Channels; 74, Anke van Wyk/Shutterstock; 76, Stockbyte/Getty Images; 85, WilleeCole/Shutterstock; 87, George Gomez; 90, PK-Photos/iStockphoto; 92, cynoclub/Shutterstock; 93, Goldution/Shutterstock; 100, Warren Goldswain/Shutterstock; 101, dageldog/iStockphoto; 104, Damien Richard/Shutterstock; 114, dageldog/iStockphoto; 119, Michael Pettigrew/Shutterstock; 123, Erik Lam/Shutterstock; 130, SuperflyImages/iStockphoto; 133, Larisa Lofitskaya/Shutterstock; 138, Eric Isselée/Shutterstock; 143, Cheri Lucas; 147, Erik Lam/Shutterstock; 151, Cheri Lucas; 154, Susan Schmitz/Shutterstock; 161, Cheri Lucas; 167, Josh Heeren; 170, Rob Waymouth; 175, Willee Cole/Shutterstock; 178, Michael Reuter; 180, Lobke Peers/Shutterstock; 183, Frank Bruynbroek; 188, Frank Bruynbroek; 194, Angus Alexander; 196, MPH-Emery/Sumner Joint Venture; 202, George Gomez.

Arte vetorial: Fernando Jose Vasconcelos Soares/Shutterstock; vanya/Shutterstock; veselin gajin/Shutterstock; ntnt/Shutterstock; ylq/Shutterstock; Boguslaw Mazur/Shutterstock; ananas/Shutterstock; Leremy/Shutterstock; k_sasiwimol/Shutterstock; Alexander A. Sobolev/Shutterstock; DeCe/Shutterstock; nemlaza/Shutterstock; Thumbelina/Shutterstock.

Este livro foi composto na tipografia
Minion Pro Regular, em corpo 11,25/15,2, e impresso
em papel off-set no Sistema Digital Instant Duplex
da Divisão Gráfica da Distribuidora Record.